Christoph Dohmen
Warum feiern wir Weihnachten

Christoph Dohmen

Warum feiern wir Weihnachten?

Die biblischen Wurzeln des Festes

kbw bibelwerk

ISBN 10: 3-460-33176-3
ISBN 13: 978-3-460-33176-1

www.bibelwerk.de

Umschlagbild: Andreas Felger, Menora, Aquarell

Layout: www.summerer-thiele.de, Stuttgart
Umschlaggestaltung: Finken & Bumiller, Stuttgart
Druck und Bindung: Ludwig Auer GmbH, Donauwörth

Inhaltsverzeichnis

Wartezeit – Lesezeit

In unserer modernen Zeit fällt das Warten schwer, weil es Nichtstun signalisiert, denn es stellt einen „Zwischenraum“ – zwischen Terminen oder Aufgaben – dar. Aber das Warten, dass etwas oder man selbst ankommt und weitergeht, lässt sich natürlich auch nutzen, um sich auf das Andere, das Neue, das Bevorstehende einzustellen, sich vorzubereiten, sich etwas in Erinnerung zu rufen, das für das Bevorstehende wichtig sein könnte. In diesem Sinn werden Wartezeiten oft zu Lesezeiten. Zu solch lesender Vorbereitung lädt auch das Kirchenjahr die Gläubigen immer wieder ein, ganz besonders im Advent.

Advent heißt Ankunft. Doch wer oder was kommt denn an? Und wann oder wo? Die Antwort scheint so einfach: Ankunft Christi natürlich an Weihnachten. Aber ist Advent dann nicht mit Weihnachten gleichzusetzen? In der Liturgie der Kirche gilt die Zeit der vier Sonntage vor Weihnachten als Advent, gefolgt, aber deutlich getrennt, von der dann beginnenden Weihnachtszeit. Im profanen Leben haben sich diese Unterschiede langsam verwischt. Wir ziehen nicht nur sprachlich die Advents- und Weihnachtszeit in einem Begriff zusammen, sondern vielerorts schmücken Weihnachtsbäume Vorgärten und Geschäfte schon den ganzen Dezember über.

Die frühe Kirche hat mit dem Advent zuerst den Gedanken der Wiederkunft Christi nach seiner Geburt, seinem Tod, seiner Auferstehung und Himmelfahrt verbunden. Der Advent war also eine Zeit, die dem Satz des christlichen Credos *„... von dort wird er kommen, zu richten die Lebenden und die Toten“* gewidmet war. Folgerichtig schloss der so verstandene Advent früher das Kirchenjahr ab. Mit dem Gedenken der ersten Ankunft Christi durch seine Geburt begann dann das neue Kirchenjahr. Die gedankliche und zeitliche Nähe im liturgischen Jahr zwischen der erwarteten Wiederkunft Christi und der Erinnerung seiner Geburt haben dazu geführt, dass die Adventszeit zur Vorbereitungszeit auf Weihnachten wurde und damit dann auch das Kirchenjahr eröffnete.

Abschluss oder Anfang des Kirchenjahres zeigen, dass der Advent ein Wendepunkt ist. Solche Wendepunkte bringen es mit sich, dass man zurückschaut, um klarer zu sehen, wo man steht und wie es in der Zukunft weitergeht. So ist auch die Adventszeit in der Kirche immer schon die Zeit gewesen, in der man alttestamentliche Texte mit besonderer Zukunftsperspektive – vornehmlich aus der Prophetie Israels – intensiv betrachtete. So ist die Adventszeit auch die Zeit, in der den Christen durch die Liturgie am deutlichsten vor Augen steht, dass sie *eine* Heilige Schrift in *zwei* Teilen haben, *eine* Bibel aus Altem und Neuem Testament.

Diese zweigeteilte Einheit des einen Buches mit ihrer Besonderheit, dass der erste und größte Teil zuvor schon und auch weiterhin Heilige Schrift einer anderen Religion, nämlich des Judentums, war und ist, hat das Christentum immer wieder vor die schwierige Frage nach dem Verständnis seiner eigenen Heiligen Schrift gestellt. Allzu oft ist dabei die anscheinend leichtere Lösung gesucht worden, nämlich die, so zu tun, als gäbe es das Alte Testament nicht. Man sah das Entscheidende und Wichtige, das Christliche eben, im Neuen Testament ausgedrückt, während demgegenüber das Alte oft als veraltet, überholt und unbedeutend betrachtet wurde. Fragt man Christen danach, warum wir denn überhaupt dieses Alte Testament dann noch brauchen, erhält man oft als Antwort genau das, was die liturgische Textauswahl für die Adventszeit vorgibt: Es sind Texte, die den Messias ankündigen und von seinem Kommen prophetisch künden.

Aber das Alte Testament enthält ja wesentlich mehr, so dass wir uns als Christen fragen müssen, warum wir keine Advents- oder Weihnachtsbibel haben, also eine Auswahlbibel, die nur alle messianischen Hoffnungen und Verheißungen Israels versammelt, sondern eine Voll-Bibel, die die ganze Bibel Israels als Altes Testament enthält. Ausgehend von der im Neuen Testament bei den Evangelisten Matthäus und Lukas zu findenden Weihnachtserzählungen wollen die nachfolgenden Texte in die ganze Bibel einführen. Das vorliegende Büchlein versteht sich als „Lesebuch“, das die Wartezeit ausfüllen hilft, damit Weihnachten bei uns Christen wieder in seinem Vollsinn, den das Alte Testament liefert, verstanden werden kann.

Gen 5,1 Das ist die Liste der Geschlechterfolge nach Adam: Am Tag, da Gott den Menschen erschuf, machte er ihn Gott ähnlich.

Mt 1,1 Stammbaum Jesu Christi, des Sohnes Davids, des Sohnes Abrahams

Die Geschichte im Matthäusevangelium

Die Überschriften, die wir in unseren Bibelausgaben finden, sind Hilfestellungen der Übersetzer und Herausgeber der Bibelausgaben, sie gehören nicht zum ursprünglichen Text. Und doch beginnt das Matthäusevangelium und damit das Neue Testament mit einer Überschrift, und diese Überschrift spricht von einem „Buch". Die übliche Übersetzung „Stammbaum Jesu Christi" ist ein wenig irreführend, denn wörtlich steht dort „Buch der Geschichte Jesu Christi, des Sohnes Davids, des Sohnes Abrahams." Die beiden hier gebrauchten Titel „Sohn Davids" und „Sohn Abrahams", die zu Jesus Christus hinzugesetzt sind, sind nicht Teil der nachfolgenden Genealogie, was leicht daran zu erkennen ist, dass der nachfolgende Vers bei Matthäus mit Abraham beginnt und David in dieser Genealogie erst viel später nachfolgt. Wenn nun Matthäus sein Werk in der Überschrift „Buch der Geschichte Jesu Christi" nennt, dann benutzt er diesen Begriff „Buch" noch nicht in dem Sinn, wie wir ihn heute gebrauchen, nämlich für ein zwischen zwei Buchdeckeln fest zusammen gebundenes deutlich abgegrenztes Schriftwerk. Vielmehr setzt Matthäus für Leser, die die Heilige Schrift kennen, mit dieser Überschrift ein Hinweisschild zum Verstehen des Nachfolgenden. Wer nämlich die Bibel Israels, das sogenannte Alte Testament, kennt, den erinnert die Formulierung von **Mt 1,1** sogleich an die Eröffnung der Menschheitsgeschichte in **Gen 5,1** die sich in ihrer Überschrift ebenso als „Buch" ausgibt, aber dennoch nie ein Buch im modernen technischen Sinn eröffnet hat. Matthäus wählt diese Verbindung zum Anfang der Menschheitsgeschichte sicherlich ganz bewusst, weil sein Evangelium in der Geschichte dieses Jesus Christus Gottes Hinwendung zur gesamten Menschheit, zu allen Völkern, darlegt. Mit den beiden Titeln, die der Evangelist dann hinzusetzt, unterstreicht er diese Perspektive seines Evangeliums noch einmal: Abraham gilt als Stammvater nicht nur der Israeliten, sondern vieler Völker, und König David wird zum Inbegriff der Erwählung Israels. In der Überschrift seines Evangeliums lässt Matthäus so schon erkennen, dass es ihm um die Frage geht, welche Bedeutung dieser Jesus

Mt 1,2-17 Abraham war der Vater von Isaak, Isaak von Jakob, Jakob von Juda und seinen Brüdern. Juda war der Vater von Perez und Serach; ihre Mutter war Tamar. Perez war der Vater von Hezron, Hezron von Aram, Aram von Amminadab, Amminadab von Nachschon, Nachschon von Salmon. Salmon war der Vater von Boas; dessen Mutter war Rahab. Boas war der Vater von Obed; dessen Mutter war Rut. Obed war der Vater von Isai, Isai der Vater des Königs David. David war der Vater von Salomo, dessen Mutter die Frau des Urija war. Salomo war der Vater von Rehabeam, Rehabeam von Abija, Abija von Asa, Asa von Joschafat, Joschafat von Joram, Joram von Usija. Usija war der Vater von Jotam, Jotam von Ahas, Ahas von Hiskija, Hiskija von Manasse, Manasse von Amos, Amos von Joschija. Joschija war der Vater von Jojachin und seinen Brüdern; das war zur Zeit der Babylonischen Gefangenschaft. Nach der Babylonischen Gefangenschaft war Jojachin der Vater von Schealtiël, Schealtiël von Serubbabel, Serubbabel von Abihud, Abihud von Eljakim, Eljakim von Azor. Azor war der Vater von Zadok, Zadok von Achim, Achim von Eliud, Eliud von Eleasar, Eleasar von Mattan, Mattan von Jakob. Jakob war der Vater von Josef, dem Mann Marias; von ihr wurde Jesus geboren, der der Christus (der Messias) genannt wird. Im ganzen sind es also von Abraham bis David vierzehn Generationen, von David bis zur Babylonischen Gefangenschaft vierzehn Generationen und von der Babylonischen Gefangenschaft bis zu Christus vierzehn Generationen.

für die Teilhabe aller Völker am Erwählungsverhältnis Israels zu seinem Gott hat.

Hat man diese Überschrift des Evangelisten in ihrer Sinntiefe erfasst, erscheint auch die nachfolgende Genealogie (**Mt 1,2-17**), die das Evangelium eröffnet, in einem neuen Licht. Diese Genealogie zeigt an, dass hier mit dem Neuen Testament nichts völlig Neues beginnt, denn dazu wäre es nötig, dass die im Folgenden wichtigen Personen vorgestellt werden. Das Matthäusevangelium beginnt durch seine Genealogie aber genau umgekehrt, es setzt uns eine Kette von 44 Namen, 40 Männer und 4 Frauen, vor, von denen her wir als Leser die Hauptperson der nachfolgenden Geschichte, eben diesen Jesus, den Christus, einordnen und verstehen können sollen. Die mit Abraham beginnende Kette stellt einen Durchgang durch die Geschichte Israels dar, die der Evangelist als Vorgeschichte seiner Jesusgeschichte ausweist. Mit dem Evangelium geht also etwas weiter, das lange vorher schon begonnen hat, oder anders gesagt, das Evangelium ist nicht voraussetzungslos. Das Evangelium steht also – im wörtlichen Sinne – unter der Voraussetzung der Geschichte Israels, wie sie aus der Bibel Israels bekannt ist. Was diese Voraussetzung für das Verstehen des Evangeliums bedeutet, wird schnell ersichtlich, wenn man sich diesen Stammbaum Jesu genauer anschaut. Ist es eigentlich ein Stammbaum Jesu oder vielleicht doch eher der Stammbaum Abrahams? Genealogien lassen sich immer in zwei Richtungen verfolgen. Man kann die vielen verästelten Nachfahren einer großen Persönlichkeit in einen Stammbaum eintragen, an dessen Wurzel jene Person den Ausgangspunkt bildet. Man kann aber auch die vielen Vorfahren eines Menschen in ein genealogisches Gerüst hineinbringen, um zu zeigen wer alles im übertragenen Sinne in diesen Menschen eingegangen ist. Weist die erstgenannte Art auf die Vielzahl der Nachkommen, so die zweite auf die Vielzahl der Vorfahren. Der Stammbaum des Matthäus bietet weder das eine noch das andere in Reinform, sondern kombiniert die beiden genealogischen Ansätze. Er beginnt mit einer einzelnen Person (Abraham) und endet mit einer einzelnen Person (Jesus). Dieses Vorgehen, das bei einer Einzelperson einsetzt und wieder bei einer Einzelperson ankommt, führt dazu, dass aus der Fülle und Breite eines Stammbaums eine einzige Linie herausgezogen wird.

Wird Jesus durch die im Stammbaum des Matthäus skizzierte Linie als wahrer Nachfahre Abrahams ausgewiesen? Oder wird Abraham geehrt, in dem dieser Jesus als größter Nachfahre Abrahams herausgestellt wird? Beide Möglichkeiten weist der Evangelist Matthäus deutlich zurück und macht uns und all seinen Lesern schnell klar, dass es nicht um eine biologische Abstammung, also eine Genealogie im menschlichen Sinn geht; denn sein Stamm-

Mt 1,16 Jakob war der Vater von Josef, dem Mann Marias; von ihr wurde Jesus geboren, der der Christus (der Messias) genannt wird.

Mt 1,17 Im Ganzen sind es also von Abraham bis David vierzehn Generationen, von David bis zur Babylonischen Gefangenschaft vierzehn Generationen und von der Babylonischen Gefangenschaft bis zu Christus vierzehn Generationen.

Hebr 11,31 Aufgrund des Glaubens kam die Dirne Rahab nicht zusammen mit den Ungehorsamen um; denn sie hatte die Kundschafter in Frieden aufgenommen.

baum endet mit Josef, der nach Matthäus nicht als Vater Jesu vorgestellt wird, sondern als „Mann Marias, von welcher Jesus geboren wurde, der Christus genannt wird“ (**1,16**). Der in nachfolgende Bericht von der Jungfrauengeburt lässt gar keinen Zweifel mehr daran, dass die vorangestellte Genealogie im biologischen Sinn für diesen Jesus völlig uninteressant ist. Es handelt sich also nicht um einen biologischen Stammbaum Jesu, sondern einen geistigen für uns Christen als Leser des Evangeliums. Wir sollen von Anfang an wissen, wo unsere Wurzeln und Ursprünge als Christen liegen und nicht, woher dieser Jesus stammt. Wie Jesus als Messias (Christus) nur im jüdischen Volk und aus dessen Geschichte heraus verstanden werden kann, so findet das Christentum seine Identität nur in Verbindung mit seinem Ursprung, den der Stammbaum des Matthäus in der Geschichte des Volkes Israel festhält.

Das Besondere dieses Ursprungs macht Matthäus aber nicht nur an seiner Struktur (**Mt 1,17**) deutlich, sondern dadurch, dass vier Frauen, die in der Reihe der 40 Männer in diesem Stammbaum auftauchen. Tamar, Rahab, Rut und Batseba, wobei Matthäus Letztere nur „Frau des Urija“ nennt. Die Namen dieser Frauen sind wie Ausrufezeichen innerhalb der genealogischen Folge, um uns Lesern deutlich zu machen, dass hier nicht nur Namen aneinander gereiht sind, sondern Geschichten dahinter stehen, die voller Leben sind. *Tamar*, die Schwiegertochter des Juda, die sich durch eine List als verkleidete Dirne zur Frau ihres Schwiegervaters machte und so in die Genealogie geradezu quer einstieg. *Rahab*, die Dirne von Jericho, die den Kundschaftern Israels Schutz gewährte und aus Dank bei der Eroberung der Stadt mit der Familie verschont blieb und in das Volk Israel aufgenommen wurde (Jos 2.6). *Rut*, die Moabiterin, die ihre verwitwete und enkellose Schwiegermutter Noomi nicht allein lassen wollte, sondern mit ihr nach Betlehem ging, um dort das Fortleben ihrer Familie zu sichern. Und schließlich *Batseba*, die Frau des Urija, die König David begehrte und schließlich – nachdem er ihren Ehemann Urija beseitigt hatte – heiratete, und die dann zur Mutter König Salomos wurde (2 Sam 11-12). Schon so kurz nacherzählt wirken die Geschichten dieser Frauen alle etwas eigenwillig, vielleicht sogar für eine ehrenvolle Genealogie makelhaft, weil sie doch so gar nichts von frommen und vorbildlichen Geschichten aufzuweisen scheinen. Was will also Matthäus mit diesen vier Frauen deutlich machen? Sollen sie als Sünderinnen der Mutter Jesu, Maria, gegenüber gestellt werden, damit diese in noch deutlicher als rein und makellos erscheint? Oder soll gezeigt werden, dass oft auch Fremde, Nichtisraeliten, durch ihren Mut, Glauben und ihre Kraft das Überleben des Gottesvolkes gesichert haben? In diesem Sinne lobt beispielsweise **Hebr 11,31** den Glauben

Jes 11,1 Doch aus dem Baumstumpf Isais wächst ein Reis hervor, ein junger Trieb aus seinen Wurzeln bringt Frucht. Der Geist des Herrn lässt sich nieder auf ihm: der Geist der Weisheit und der Einsicht, der Geist des Rates und der Stärke, der Geist der Erkenntnis und der Gottesfurcht ... An jenem Tag wird es der Spross aus der Wurzel Isais sein, der dasteht als Zeichen für die Nationen; die Völker suchen ihn auf; sein Wohnsitz ist prächtig.

Jak 2,25 Wurde nicht ebenso auch die Dirne Rahab durch ihre Werke als gerecht anerkannt, weil sie die Boten bei sich aufnahm und dann auf einem anderen Weg entkommen ließ?

Mt 1,1 Stammbaum Jesu Christi, des Sohnes Davids, des Sohnes Abrahams

der Rahab und **Jak 2,25** ihr mutiges Tun. Oder will uns der Evangelist nicht doch gerade innerhalb der so knapp zusammengefassten Geschichte Israels darauf verweisen, dass Gottes Wege für uns Menschen doch letztendlich undurchsichtig bleiben? Wir müssen wohl einsehen, dass Gott sich oft der Dinge bedient, die uns Menschen abwegig, ja sündig oder verwerflich erscheinen. Die Frauen dieser matthäischen Vorgeschichte stören geradezu die gradlinige Genealogie der Männer. Diese Geschichte wird nicht in der menschlich erwarteten Weise von den so oft gesellschaftlich tonangebenden und Geschichte machenden Männern geschrieben. Das Bild des Stammbaumes steht auch für Ordnung und Klarheit. Der Baum mag sich vielfach verästeln und weit in die Höhe wachsen, aber es bleiben immer die gleichen Linien von der Wurzel bis in die letzten Äste, die den Baum am Leben erhalten. Diesem Bild des Baumes mit all seiner menschlichen Berechenbarkeit steht die hier vorgestellte Geschichte entgegen. Immer wieder fängt Neues an, das mit dem Bisherigen zwar in Verbindung steht, aber doch nicht so, wie man es zuvor menschlich erwartet und geplant hätte. Kontinuität und Diskontinuität gehen gerade dann ineinander über, wenn Gottes Geschichte von uns Menschen aus betrachtet wird. Es gibt auch den Baum, der abgehauen wird, der keine Früchte mehr trägt, aus dessen todgeglaubtem Wurzelstumpf aber dennoch ein neuer Spross hervorkommen kann, weil Gott eben doch treu ist.

Dieses Bild aus **Jes 11**, das uns aus einem bekannten Weihnachtslied wohl bekannt ist, bringt es auf den Punkt, was die matthäische Genealogie an den vier Frauen verdeutlichen will: Wird der eine und einzige Gott in seiner Treue, die sich auch und gerade in einer unerwarteten Bestätigung des Vorusgegangenen und Verheißenen zeigt, nicht auch in der von Matthäus verschriebenen Jungfrauengeburt, die sich aller genealogischen Versicherung entzieht, erkannt? Die Frauen der ersten Genealogie des Neuen Testamentes bzw. ihre Geschichten schärfen doch wohl unseren Blick dafür. Und dennoch: Jesus fällt eben nicht vom Himmel! Auch er wird in eine Familie, in ein Volk hineingeboren. Das „Buch der Geschichte Jesu Christi, des Sohnes Davids, des Sohnes Abraham“ (**1,1**) haben wir Christen nicht allzu oft mit Aufmerksamkeit gelesen. Wer den Stammbaum bei Matthäus genau liest, versteht auch schnell, dass das Neue Testament niemals ohne das Alte Testament zu lesen und zu verstehen ist. Auch daran erinnert der Stammbaum, dass das ganze Neue Testament unter der Voraussetzung des Alten Testamentes steht. Im Dokument der Päpstlichen Bibelkommission aus dem Jahre 2001 (Das jüdische Volk und seine Heilige Schrift in der christlichen Bibel) wird das, was Matthäus im ersten Kapitel anzeigt, bleibend gültig in ein eindrückliches Bild gefasst: „Ohne

Hos 11,1 Als Israel jung war, gewann ich ihn lieb, ich rief meinen Sohn aus Ägypten.

Mt 1,17 Im Ganzen sind es also von Abraham bis David vierzehn Generationen, von David bis zur Babylonischen Gefangenschaft vierzehn Generationen und von der Babylonischen Gefangenschaft bis zu Christus vierzehn Generationen.

Mt 1,18-25 Mit der Geburt Jesu Christi war es so: Maria, seine Mutter, war mit Josef verlobt; noch bevor sie zusammengekommen waren, zeigte sich, dass sie ein Kind erwartete – durch das Wirken des Heiligen Geistes. Josef, ihr Mann, der gerecht war und sie nicht bloßstellen wollte, beschloss, sich in aller Stille von ihr zu trennen. Während er noch darüber nachdachte, erschien ihm ein Engel des Herrn im Traum und sagte: Josef, Sohn Davids, fürchte dich nicht, Maria als deine Frau zu dir zu nehmen; denn das Kind, das sie erwartet, ist vom Heiligen Geist. Sie wird einen Sohn gebären; ihm sollst du den Namen Jesus geben; denn er wird sein Volk von seinen Sünden erlösen. Dies alles ist geschehen, damit sich erfüllte, was der Herr durch den Propheten gesagt hat: Seht, die Jungfrau wird ein Kind empfangen, einen Sohn wird sie gebären, und man wird ihm den Namen Immanuel geben, das heißt übersetzt: Gott ist mit uns. Als Josef erwachte, tat er, was der Engel des Herrn ihm befohlen hatte, und nahm seine Frau zu sich. Er erkannte sie aber nicht, bis sie ihren Sohn gebar. Und er gab ihm den Namen Jesus.

das Alte Testament wäre das Neue Testament ein Buch, das nicht entschlüsselt werden kann, wie eine Pflanze ohne Wurzel, die zum Austrocknen verurteilt ist" (Nr. 84).

Als Abschluss seiner Genealogie fasst Matthäus in **1,17** zusammen, dass es dreimal 14 Generationen, von Abraham bis David, von David bis zum babylonischen Exil und vom Exil bis zu Christus seien. Versucht man, diese dreimal 14 Generationen an den vorausgehenden Namen abzuzählen, so ergeben sich Schwierigkeiten, die deutlich machen, dass Matthäus hier nicht eine mathematische Addition an den Schluss stellt, sondern auf etwas anderes hinweisen will. Weder die Zahl 14, noch die sich daraus ergebende Zahl 42 ist in der Bibel Israels von besonderer Bedeutung. Und doch steckt in der Zahl ein Hinweis, den kein Geringerer als der berühmte Kirchenlehrer Origines im dritten Jahrhundert schon entdeckt hat. In einer Predigt, die die Aussagen der Bibel für das christliche Leben fruchtbar zu machen versucht, weist Origines darauf hin, dass die 42 Generationen, die bei Matthäus erwähnt sind, dem Summarium entsprechen, das sich in Num 33 findet. Dort sind es die Stationen der Wüstenwanderung Israels, die der Reihe nach aufgezählt 42 ergeben. Matthäus will damit seinen Lesern wohl einen Hinweis geben, die in der Genealogie festgehaltene Geschichte Israels vom Exodus und d.h. vom Befreiergott Israels her zu verstehen, so dass mit der Geburt Jesu auf dem Hintergrund der Stationen aus Num 33,5-49 im übertragenen Sinne das Land der Verheißung erreicht ist. Als Teil einer großen, sich immer wieder neu darstellenden Exodusexistenz des Volkes Israel ergibt sich auch ein tieferes Verständnis der Weihnachtsgeschichte des Matthäus, denn schon bald nach diesem Hinweis folgt in Mt 2,13-17 die Erzählung von der Flucht nach Ägypten, die darauf angelegt ist, die Geschichte Jesu von Israels Exoduserfahrung her zu deuten, was das abschließende Zitat aus **Hos 11** „aus Ägypten habe ich meinen Sohn gerufen" unterstreicht.

Doch bevor es dazu kommt, dass dieser Josef, mit dem das genealogische Gerüst in Mt 1 endet, im Traum von Gott den Befehl erhalten kann, mit Maria und dem Kind aus Ägypten zurückzukehren (vgl. Mt 2,19-3,20), wird er im Traum auf die bevorstehende Geburt Jesu vorbereitet. Zwei Dinge springen bei diesen Träumen des Josef besonders in den Blick. Da ist zum einen der Einstieg in diese Träume, der gar nicht im Schlaf geschieht, sondern während Josef noch darüber nachdenkt, Maria zu verlassen, obgleich es am Ende der Botschaft des Engels dann heißt, dass Josef erwachte und das tat, was der Engel ihm befohlen hatte. Dann ist zum anderen zu bemerken, dass die weiteren Traumnotizen alle mit Ortswechseln zutun haben. Zuerst von Betlehem nach Ägypten, dann von Ägypten zurück und schließlich nach Nazaret. Legt uns der

Gen 28,10-19 Jakob zog aus Beerscheba weg und ging nach Haran. Er kam an einen bestimmten Ort, wo er übernachtete, denn die Sonne war untergegangen. Er nahm einen von den Steinen dieses Ortes, legte ihn unter seinen Kopf und schlief dort ein. Da hatte er einen Traum: Er sah eine Treppe, die auf der Erde stand und bis zum Himmel reichte. Auf ihr stiegen Engel Gottes auf und nieder. Und siehe, der Herr stand oben und sprach: Ich bin der Herr, der Gott deines Vaters Abraham und der Gott Isaaks.
Das Land, auf dem du liegst, will ich dir und deinen Nachkommen geben. Deine Nachkommen werden zahlreich sein wie der Staub auf der Erde. Du wirst dich unaufhaltsam ausbreiten nach Westen und Osten, nach Norden und Süden, und durch dich und deine Nachkommen werden alle Geschlechter der Erde Segen erlangen. Ich bin mit dir, ich behüte dich, wohin du auch gehst, und bringe dich zurück in dieses Land. Denn ich verlasse dich nicht, bis ich vollbringe, was ich dir versprochen habe.
Jakob erwachte aus seinem Schlaf und sagte: Wirklich, der Herr ist an diesem Ort, und ich wusste es nicht. Furcht überkam ihn, und er sagte: Wie ehrfurchtgebietend ist doch dieser Ort! Hier ist nichts anderes als das Haus Gottes und das Tor des Himmels.
Jakob stand früh am Morgen auf, nahm den Stein, den er unter seinen Kopf gelegt hatte, stellte ihn als Steinmal auf und goss Öl darauf. Dann gab er dem Ort den Namen Bet-El (Gotteshaus). Früher hieß die Stadt Lus.

Evangelist mit diesen Träumen des Josef nicht eine Spur zum Verstehen der Jesusgeschichte? Erinnert er uns nicht an einen anderen, der durch Traumbotschaften von Gottes Mitsein auf seinem Weg erfuhr? Jakob, der Erzvater Israels, musste sich aufmachen, zum Bruder seiner Mutter, um dem Wunsch der Eltern zu entsprechend, eine Frau aus seiner eigenen Sippe zu nehmen. In eine für ihn ungewisse Zukunft machte er sich auf. Dabei kommt es zu dem nächtlichen Erlebnis, das für sein weiteres Erleben entscheidend wird (vgl. **Gen 28,10-19**). Wie nahe Gott ist und wo er am nächsten ist, weiß auch Jakob nicht. Ein unscheinbarer Ort, ein Stein, und dann auf einmal die Gewissheit, dass Gott da ist, unausweichlich. Jakob ist ergriffen von dieser unerwarteten Gottesbegegnung. Als furchterregend bezeichnet er den Ort. Er mag spüren, dass sich sein Leben hier grundlegend ändert, dass ihm Großes und Schweres abverlangt wird. Es war nicht sein Wille, Gott so nahe zu kommen, ihm in dieser Weise zu begegnen. Nein, er wusste von dieser Nähe nichts, erst der Traum macht sie ihm klar. Solche Begegnung, tiefste Gotteserfahrung, lässt sich nicht durch menschliches Wollen und Planen erreichen, sondern ist immer Initiative Gottes. Die späteren Erfahrungen des Volkes Israel verdichten sich vorausblickend in der Person des Jakob, dem hier angekündigt wird, dass er das Land erst verlassen muss, dann aber von Gott zurückgeführt werden wird. Und dabei wird Gott mit ihm sein. Jakob werden hier die an Abraham ergangenen Verheißungen von Land und Nachkommenschaft (vgl. Gen 12) zugesprochen. Er, der spätere Stammvater der 12 Stämme Israels, wird zum Symbol für ganz Israel, was seinen Niederschlag darin findet, dass er, Jakob, später umbenannt wird in Israel (Gen 32,29; 35,10). Doch die Nähe Gottes bleibt für ihn nicht auf den Traum beschränkt, wenn auch Gottes Engel ihm im Traum Weisung gibt (Gen 31,11). Das Ergriffen- und Gepacktwerden von Gott lässt die berühmte Geschichte von Jakobs Kampf am Jabbok (Gen 32,23-33) ganz anschaulich werden.

Im Traum erschließt sich Jakob die Bedeutung des Ortes, an dem er sich befindet. Gott bricht in Jakobs Welt ein, begegnet ihm. Uns Leser eröffnet der biblische Erzähler mit dem Traum von der Himmelsleiter die Bedeutung Jakobs für das spätere – dann nach ihm benannte – Volk Israel.

Und Josef? Auch er lernt erst im Traum verstehen. Natürlich weiß er, was los ist. Maria ist schwanger – nicht von ihm – und er erwägt, sie zu verlassen. Doch während er sich noch mit den Tatsachen seines Lebens beschäftigt, mit dem was er weiß oder zu wissen meint, bricht Gottes Welt im Traum in seine Welt hinein. Eigentlich müsste er wie Jakob bekennen: Wahrlich hier ist der Herr, und ich wusste es nicht. Das spricht er zwar nicht aus, doch dass er es er-

Hos 11,1 Als Israel jung war, gewann ich ihn lieb, ich rief meinen Sohn aus Ägypten.

Gen 28,17 Furcht überkam ihn, und er sagte: Wie ehrfurchtgebietend ist doch dieser Ort! Hier ist nichts anderes als das Haus Gottes und das Tor des Himmels.

kannt hat, sieht man daran, dass er widerspruchslos ausführt, was der Engel ihm aufträgt. Hatte Jakob an seiner Person das spätere Schicksal Israels vorweggenommen, nämlich das gelobte Land verlassen zu müssen, um aber wieder von Gott zurückgeführt zu werden, so wird Josef es schließlich an seiner Person nachvollziehen müssen, wenn der Engel ihn alsbald auffordert, mit Maria und dem Kind nach Ägypten zu fliehen, auch um später wieder zurückzukehren.

Dass Matthäus in dieser Geschichte wahrhaftig den Kern des israelitischen Glaubens anschlägt, den Exodus, sieht man deutlich am Schrifterweis, den er zum Abschluss dieser Geschichte einfügt: „Aus Ägypten habe ich meinen Sohn gerufen“. Dieses Zitat stammt zwar aus dem Buch Hosea, ist aber dort selbst schon wieder Rückverweis auf Israels Exodus aus Ägypten. Worauf die Jakobsgeschichte vorausblickt, schaut die Kindheitsgeschichte Jesu mit Josef zurück. Hier wie da ist es derselbe Gott, Israels Befreier, der in die Welt eintritt, um den Menschen nahe zu sein durch sein Mitsein. In der Botschaft des Traumes erhält Jakob die zuvor schon an Abraham ergangenen Verheißungen erneuert und wird so zum Stammvater Israels. Durch die Anspielung an eben diesen Jakob am Anfang des Matthäusevangeliums über die Person des Josef wird all denen, die sich zu Jesus, dem Christus, bekennen, ihre besondere Verbindung zu Israel und Israels Verheißungen vor Augen geführt. So wenig Josef der leibliche Vater Jesu ist, so wenig sind alle Christen leibliche Glieder des Volkes Israel; aber im Traum wird Josef sozusagen in eine geistige Vaterschaft für diesen Jesus gerufen. Sollten wir Christen da nicht durch diesen Josef unsere geistige Kindschaft entdecken, als Kinder Jakobs, Kinder Israels? Jakobs Traum von der Himmelsleiter erzählt wenig über Jakob, aber sehr viel über den Ort: Bet-El, Haus Gottes, wie es wörtlich übersetzt heißt, ist ein Hinweis darauf, dass Gott hinabsteigt, konkret und greifbar wird in unserer menschlichen Welt. Auch von Josef erfahren wir in Mt 1-2 kaum etwas, aber seine Geschichte, seine Träume, machen uns als Leser des Evangeliums verständlich, dass dieser Jesus eine Himmelsleiter darstellt, Himmel und Erde berührend und verbindend. Wer Augen hat zu sehen und Ohren zu hören, der sieht und hört gleich zu Anfang bei der Geburt Jesu die Botschaft des Evangelisten: Wahrhaftig ist der HERR. Die Geburts- bzw. Kindheitsgeschichte des Evangelisten Matthäus (Mt 1,20-2,23) erhält ihr eigenes Profil und ihre Struktur durch fünf explizite Rückverweise auf das Alte Testament. An ihnen entlanggehend erschließt sich ein tieferer Sinn der Botschaft des Evangelisten. Die fünf Rückverweise haben gemeinsam, dass sie sich auf Prophetenworte aus dem Alten Testament beziehen. Dabei ist nur einmal angegeben, aus welchem Propheten das Zitat stammt. Das erklärt sich daraus, dass

Jes 7,14 Darum wird euch der Herr von sich aus ein Zeichen geben: Seht, die Jungfrau wird ein Kind empfangen, sie wird einen Sohn gebären, und sie wird ihm den Namen Immanuel (Gott mit uns) geben.

Jes 11,1 Doch aus dem Baumstumpf Isais wächst ein Reis hervor, ein junger Trieb aus seinen Wurzeln bringt Frucht.

Hebr 1,1 Viele Male und auf vielerlei Weise hat Gott einst zu den Vätern gesprochen durch die Propheten.

Mt 1,23 Seht, die Jungfrau wird ein Kind empfangen, einen Sohn wird sie gebären, und man wird ihm den Namen Immanuel geben, das heißt übersetzt: Gott ist mit uns.

Mt 28,20b Seid gewiss: Ich bin bei euch alle Tage bis zum Ende der Welt.

in neutestamentlicher Zeit die Bibel Israels oft in ihrer ursprünglichen Zweiteilung von „Gesetz und Propheten“ wahrgenommen und gerade im Christentum immer stärker aus der Perspektive der Prophetie verstanden wurde (vgl. **Hebr 1,1**).

Beim ersten Zitat, der berühmten Immanuel-Verheißung aus Jes 7, greift Matthäus über das Zitat auf das spannungsvolle Verhältnis von Gericht und Heil beim Propheten Jesaja zurück. Das ursprüngliche prophetische Gerichtswort übernimmt in **Jes 7,14** die Funktion, den von Gott verheißenen Beistand für die Davididen auch durch das Gericht hindurch zu verdeutlichen, weil Gottestreue nicht menschlicher Berechenbarkeit entspricht. Gott steht zu seiner Beistandsverheißung für Jerusalem, aber nicht in einer menschlich kalkulierbaren Weise, auf die sich die (männlichen) Nachkommen Davids stützen könnten, weshalb der Prophet die ungenannte Mutter des Kindes – und nicht den König Ahas – sagen lässt „Gott mit uns“. Insofern liegt die Immanuel-Verheißung sachlich nahe beim Bild vom neuen Reis aus dem abgehauenen Baumstumpf, das sich auch beim Propheten Jesaja findet (**Jes 11**). Matthäus gebraucht dieses von der Treue Gottes zusammen gehaltene Miteinander von Kontinuität und Diskontinuität um die Zugehörigkeit der Christen zu Israel, dem Volk Gottes und zu seinen Verheißungen zu verdeutlichen. Dazu stellt er im ersten Kapitel seines Evangeliums unvermittelt die von Abraham bis Josef gehende Genealogie der Verkündigung der Jungfrauengeburt mit der Immanuel-Verheißung aus dem Propheten Jesaja gegenüber. Beides gehört für ihn untrennbar zusammen. Während die Genealogie die Verwurzelung des Christentums in Israel und in der Bibel Israels (Altes Testament) festhält, kommt mit der Jungfrauengeburt das für Menschen Unberechenbare und Unerwartete zum Tragen. Das Jesajazitat benutzt Matthäus zugleich für einen weiteren Spannungsbogen, der aus der Namensdifferenz zwischen Jesus und Immanuel entsteht. Die Verheißung, dass man ihm den Namen Immanuel geben wird, erfüllt sich ja erst einmal nicht, das Kind bekommt den Namen Jesus. Erst im letzten Satz seines Evangeliums löst Matthäus diese Spannung auf, wenn der Auferstandene dort seinen Jüngern sagt „Ich bin bei euch“ (Mt 28,20) und damit das „Gott ist mit uns“ (**Mt 1,23**) des Immanuel erklärt. Die „Erfüllung“ prophetischer Verheißung bedeutet aber gerade nicht das Ende der Verheißung, diesen Punkt stellt der Evangelist Matthäus mit seinem ersten „Erfüllungszitat“ deutlich heraus; denn selbst die „Erfüllung“ am Ende des Matthäusevangeliums lässt das „Gott mit uns“ des Immanuel nicht „aufgehen“, sondern stellt es als bleibende, in die Zukunft gehende, Verheißung dar: „Seid gewiss: Ich bin bei euch alle Tage bis zum Ende der Welt“ (**Mt 28,20**).

Mi 5,1 Aber du, Betlehem-Efrata, so klein unter den Gauen Judas, aus dir wird mir einer hervorgehen, der über Israel herrschen soll. Sein Ursprung liegt in ferner Vorzeit, in längst vergangenen Tagen.

Mi 4,8 Und du, (schützender) Turm für die Herde, Felsen-höhe der Tochter Zion, du erhältst wieder die Herrschaft wie früher, das Königtum kommt wieder zur Tochter Jerusalem.

Gen 49,10 Nie weicht von Juda das Zepter, der Herrscherstab von seinen Füßen, bis der kommt, dem er gehört, dem der Gehorsam der Völker gebührt.

2 Sam 7,16-17 Dein Haus und dein Königtum sollen durch mich auf ewig bestehen bleiben; dein Thron soll auf ewig Bestand haben. Natan sprach zu David genau so, wie es (ihm) gesagt und offenbart worden war.

Mt 2,1-12 Als Jesus zur Zeit des Königs Herodes in Betlehem in Judäa geboren worden war, kamen Sterndeuter aus dem Osten nach Jerusalem und fragten: Wo ist der neugeborene König der Juden? Wir haben seinen Stern aufgehen sehen und sind gekommen, um ihm zu huldigen. Als König Herodes das hörte, erschrak er und mit ihm ganz Jerusalem. Er ließ alle Hohenpriester und Schriftgelehrten des Volkes zusammenkommen und erkundigte sich bei ihnen, wo der Messias geboren werden solle. Sie antworteten ihm: In Betlehem in Judäa; denn so steht es bei dem Propheten: Du, Betlehem im Gebiet von Juda, bist keineswegs die unbedeutendste unter den führenden Städten von Juda; denn aus dir wird ein Fürst hervorgehen, der Hirt meines Volkes Israel. Danach rief Herodes die Sterndeuter heimlich zu sich und ließ sich von ihnen genau sagen, wann der Stern erschienen war. Dann schickte er sie nach Betlehem und sagte: Geht und forscht sorgfältig nach, wo das Kind ist; und wenn ihr es gefunden habt, berichtet mir, damit auch ich hingehe und ihm huldige. Nach diesen Worten des Königs machten sie sich auf den Weg. Und der Stern, den sie hatten aufgehen sehen, zog vor ihnen her bis zu dem Ort, wo das Kind war; dort blieb er stehen. Als sie den Stern sahen, wurden sie von sehr großer Freude erfüllt. Sie gingen in das Haus und sahen das Kind und Maria, seine Mutter; da fielen sie nieder und

Diese Verheißung erfüllt sich wie alle Verheißungen dadurch, dass sie als Verheißung bestehen bleibt.

Während das Jesajazitat spannungsvoll – durch die Namensdifferenz zwischen Jesus und Immanuel – in den Zusammenhang des Evangeliums eingebracht wurde und gar nicht im engen Sinne als Beweis diente, ist das, was wir bei Schriftzitaten zuerst erwarten, beim zweiten Verweis deutlicher gegeben. Hier geht es mit dem Zitat aus **Mi 5,1** tatsächlich um einen „Beweis" auf der Schriftgrundlage. Das ist auch in der Geschichte selbst in dieser Weise realisiert, weil es ja die Schriftgelehrten sind, die die Schrift einbringen, so dass nicht von der Erfüllung eines Schriftwortes geredet wird, sondern davon, dass „geschrieben steht" (Mt 2,5). Beim Propheten Micha selbst hat dieses Wort eine kritische Funktion indem das Dorf Betlehem (Mi 5,1) der Hauptstadt Jerusalem (**Mi 4,8**) gegenüber gestellt wird. Gott selbst ist es, der in diesem Prophetenwort das Dorf Betlehem anspricht, und zwar in der gleichen Weise, wie er kurz zuvor Jerusalem angesprochen hat. Der Kontrast kann kaum stärker sein, hier die Weltstadt, das Zentrum Israels, dort das kleine unbedeutende Dorf. Aber Gott stellt sie nicht einander gegenüber. Hier geht es weder um die Bedeutsamkeit der Heiligen Stadt, noch um die Bevorzugung des Geringeren. Das Gotteswort stellt vielmehr beide nebeneinander und lässt das je Eigene und Besondere beider hervortreten. Das erinnert ein wenig an den Stammvater Jakob, der am Ende seines Lebens seine Söhne zusammenruft und sie segnet, indem er das charakteristische eines jeden wie einen Schicksalsspruch über ihn ausspricht (vgl. **Gen 49**). Vergangenheit und Zukunft fließen in diesen Worten zusammen. Die Zukunft und das Verheißene, ob von Jakobs Söhnen, Israels Stämmen oder auch von Jerusalem und Betlehem, ist nicht zu lösen von dem, was vorher war. Verheißungen und Segen haben tiefe Wurzeln, die bei dem, was entsteht, nicht immer sichtbar sind, aber lebensnotwendig bleiben. Die Tiefe von Verheißung und Segen erkennt und erfährt nur, wer ihre Wurzeln sucht. Die Wurzeln der heiligen Stadt Jerusalem gehen für Israel nur bis zu König David zurück. Er eroberte die Stadt, machte sie zu *seiner* Stadt, zur Stadt Davids. Anstelle der Wohnstatt, die David Gott in einen Tempel in Jerusalem bauen wollte, verheißt Gott ihm ein unvergängliches Haus, eine ewige Dynastie (**2 Sam** 7). Doch Davids Nachfolger auf dem Thron in Jerusalem vergessen bald schon, was David und Gott verbunden hatte. Sie gehen ihre eigenen Wege und reklamieren für sich, Söhne Davids zu sein, denen Gott seinen Beistand und ihren Bestand verheißen hat. Aber Gottes Wege sind nicht nur unergründlich, sondern vor allen Dingen für die Menschen nicht berechenbar. Gott verblüfft geradezu, weil er das Unerwartete geschehen lässt, das sich dann

1 Sam 16,1.10-13 Der Herr sagte zu Samuel: Wie lange willst du noch um Saul trauern? Ich habe ihn doch verworfen; er soll nicht mehr als König über Israel herrschen. Fülle dein Horn mit Öl und mach dich auf den Weg! Ich schicke dich zu dem Betlehemiter Isai; denn ich habe mir einen von seinen Söhnen als König ausersehen ... So ließ Isai sieben seiner Söhne vor Samuel treten, aber Samuel sagte zu Isai: Diese hat der Herr nicht erwählt. Und er fragte Isai: Sind das alle deine Söhne? Er antwortete: Der jüngste fehlt noch, aber der hütet gerade die Schafe. Samuel sagte zu Isai: Schick jemand hin und lass ihn holen; wir wollen uns nicht zum Mahl hinsetzen, bevor er hergekommen ist. Isai schickte also jemand hin und ließ ihn kommen. David war blond, hatte schöne Augen und eine schöne Gestalt. Da sagte der Herr: Auf, salbe ihn! Denn er ist es. Samuel nahm das Horn mit dem Öl und salbte David mitten unter seinen Brüdern. Und der Geist des Herrn war über David von diesem Tag an. Samuel aber brach auf und kehrte nach Rama zurück.

huldigten ihm. Dann holten sie ihre Schätze hervor und brachten ihm Gold, Weihrauch und Myrrhe als Gaben dar. Weil ihnen aber im Traum geboten wurde, nicht zu Herodes zurückzukehren, zogen sie auf einem anderen Weg heim in ihr Land.

erst als tiefste Konsequenz und nicht als launisches Hin und Her erweist. So kann er auch der auf ihren Stammbaum setzenden Jerusalemer Daviddynastie durch den Propheten Jesaja das Gericht Gottes verkünden lassen: „Doch aus dem [abgehauenen] Baumstumpf Isais wächst ein Reis hervor, ein junger Trieb aus seinen Wurzeln bringt Frucht." (Jes 11,1). Das Bild – durch christliche Weihnachtslieder versüßt und verharmlost – ist klar und deutlich und in seiner Härte kaum zu übertreffen. Abgeschlagen ist der Stammbaum der Davididen. Doch Gott bleibt seiner Verheißung trotzdem treu. Nur anders als menschlich erwartet. Er geht dorthin zurück, wo seine Geschichte mit David begann. Bei Davids Vater Isai. Das ist die verborgene Wurzel Davids, seine Erwählung. Durch den Propheten Samuel ließ Gott den jüngsten der Söhne Isais in Betlehem salben (**1 Sam 16**). Um sein Ziel mit den Menschen zu verwirklichen, kehrt Gott an den Anfang zurück. An den Ort, der schon lange vergessen scheint, weil neben ihm so Großes entstanden ist, Gewaltiges und Beachtliches. Dieser Ort, an den Gott zurückkehrt, um mit seiner Verheißung Ernst zu machen, das ist Betlehem! Betlehem, das ist nicht zuerst die Stadt Davids, nein, Stadt Davids ist Jerusalem. Betlehem ist die Stadt Isais, Davids Vaters, das ist die Stadt der Wurzel. Klein, unbeachtet, fast vergessen an der Seite von Jerusalem. Für den Propheten Micha und viele andere Traditionen der Bibel ist Betlehem zur Chiffre geworden für die Kraft der Wurzel, mit der verbunden sein muss, wer im Glauben wachsen will. Betlehem, das ist der Ort der freien Erwählung Gottes gegen alle menschliche Berechnung und Versicherung. Betlehem, das ist aber auch nicht mehr die dörfliche Idylle der Hirten und Bauern, sondern der Ort des Messias, der Ort der Rettung. Betlehem mahnt, dass Gottes Heil nicht utopisch, ortlos, ist, sondern fest verankert in unserer Welt: eben in Betlehem. Wenn wir Christen an Weihnachten von Betlehem hören, Betlehem sehen und Betlehem mit weihnachtlichen Klängen unterlegen, dann kann uns das ein wunderbarer Hinweis sein, dass wir uns auf den Weg machen müssen. Das Ziel dieses weihnachtlichen Weges führt über die Krippe hinaus; denn der Ort, an dem diese Krippe steht, weist wie ein Hinweisschild auf eine lange Geschichte zurück, deren Ursprung in längst vergangenen Tagen liegt, wie der Prophet Micha im zitierten Text betont. Unser Glaube kann nur von seinem Ursprung her leben und dieser unser Ursprung liegt in Israel, im Gottesvolk, näherhin in Betlehem …

Es muss uns auch nachdenklich machen, dass der Evangelist Matthäus gerade hier, wo ein eigentlicher Schriftbeweis vorliegt, nicht von der Erfüllung der Schrift redet, wie wir es allzu oft und allzu schnell für allen Schriftverweisen im Neuen Testament voraussetzen.

Hos 11,1 Als Israel jung war, gewann ich ihn lieb, ich rief meinen Sohn aus Ägypten.

Hos 11,1-4 Je mehr ich sie rief, desto mehr liefen sie von mir weg. Sie opferten den Baalen und brachten den Götterbildern Rauchopfer dar. Ich war es, der Efraim gehen lehrte, ich nahm ihn auf meine Arme. Sie aber haben nicht erkannt, dass ich sie heilen wollte. Mit menschlichen Fesseln zog ich sie an mich, mit den Ketten der Liebe. Ich war da für sie wie die (Eltern), die den Säugling an ihre Wangen heben. Ich neigte mich ihm zu und gab ihm zu essen.

Mt 2,13-15 Als die Sterndeuter wieder gegangen waren, erschien dem Josef im Traum ein Engel des Herrn und sagte: Steh auf, nimm das Kind und seine Mutter, und flieh nach Ägypten; dort bleibe, bis ich dir etwas anderes auftrage; denn Herodes wird das Kind suchen, um es zu töten. Da stand Josef in der Nacht auf und floh mit dem Kind und dessen Mutter nach Ägypten. Dort blieb er bis zum Tod des Herodes. Denn es s ollte sich erfüllen, was der Herr durch den Propheten gesagt hat: Aus Ägypten habe ich meinen Sohn gerufen.

Mt 2,16-18 Als Herodes merkte, dass ihn die Sterndeuter getäuscht hatten, wurde er sehr zornig, und er ließ in Betlehem und der ganzen Umgebung alle Knaben bis zum Alter von zwei Jahren töten, genau der Zeit entsprechend, die er von den Sterndeutern erfahren hatte. Damals erfüllte sich, was durch den Propheten Jeremia gesagt worden ist: Ein Geschrei war in Rama zu hören, lautes Weinen und Klagen: Rahel weinte um ihre Kinder und wollte sich nicht trösten lassen, denn sie waren dahin.

Einen deutlichen Hinweis auf das Verständnis der Erfüllung der Schrift bietet das nächste Zitat bei Matthäus. Liest man die kleine Episode von der Flucht nach Ägypten (**Mt 2,13-15**) unbefangen, so hat man den Eindruck, dass die eigentümliche Reise nur berichtet wird, um das abschließende Zitat aus **Hos 11** „Aus Ägypten habe ich meinen Sohn gerufen" einzubringen. Um die Tragweite dessen zu ermessen, was durch dieses Zitat eingespielt wird, muss man nicht nur beachten, dass der Prophet Hosea an dieser Stelle auf die Exoduserfahrung seines Volkes anspielt, um in schwieriger Zeit daraus Hoffnung schöpfen zu können, sondern dass dieser Satz ihm ein zentrales Kapitel, das von Gericht und Liebe Gottes kündet, einleitet. In Hos 11 geht es um die unbändige Liebe und Barmherzigkeit Gottes, die alle menschliche Logik übersteigt. Die Befreiungstat des Exodus wird geradezu als erste Liebestat, als Zeichen des „verliebten Gottes" vorgestellt. Wenn der Evangelist die so erinnerte Exodustheologie durch den Hinweis auf die Erfüllung einleitet, dann kann Erfüllung hier wohl nicht im Sinne des Erledigten und Abgeschlossenen oder auch des Beweises angesehen werden; denn das Entscheidende dieser „Einspielung" besteht ja darin, dass für Matthäus in und durch Jesus der Befreiungsgott des Exodus sich zu Wort meldet. Erfüllung bedeutet hier also eher, dass etwas Angekündigtes in seiner Gültigkeit bestätigt wird bzw. als solches in Kraft gesetzt wird. In diesem Jesus, so will uns der Evangelist Matthäus mit dem Hinweis auf Hos 11 sagen, bricht sich die Liebe Gottes Bahn. Es ist nicht die Liebe, die blind macht, von der das Sprichwort redet, sondern die Liebe, die das Unerwartete geschehen lässt, von dem der Evangelist an dieser Stelle spricht. Die Liebe selbst als Geschenk, nicht nur ohne Gegenleistungen und unverdient, mehr noch das ganz Unbekannte, das Neue schlechthin.

Die Schwierigkeiten des einfachen Schemas „Verheißung – Erfüllung" werden vollends beim nächsten matthäischen Zitat deutlich, wenn dort der Kindermord von Betlehem mit einem Zitat aus dem Propheten Jeremia verknüpft wird, das zwar nicht in der finalen Form erscheint „damit sich erfüllt …", sondern als Feststellung „damals erfüllte sich …". Matthäus geht es eindeutig nicht um eine prophetische Vorhersage dieses Kindermordes, sondern darum, seinen Lesern und Hörern ein Stichwort zu geben, das ihnen helfen kann, all das zu verstehen, was er ihnen in der Jesusgeschichte – von Anfang an – vorlegt. Mit der expliziten Nennung des Jeremia unterstreicht Matthäus, dass es nicht um irgendeine Prophetie geht, sondern ein spezieller – literarischer – Zusammenhang angespielt ist. Es geht um den Teil des Jeremiabuches, den man gerne das „Trostbüchlein" nennt, weil es vom Trost und der

Jer 31,31-34 Seht, es werden Tage kommen – Spruch des Herrn –, in denen ich mit dem Haus Israel und dem Haus Juda einen neuen Bund schließen werde, nicht wie der Bund war, den ich mit ihren Vätern geschlossen habe, als ich sie bei der Hand nahm, um sie aus Ägypten herauszuführen. Diesen meinen Bund haben sie gebrochen, obwohl ich ihr Gebieter war – Spruch des Herrn. Denn das wird der Bund sein, den ich nach diesen Tagen mit dem Haus Israel schließe – Spruch des Herrn: Ich lege mein Gesetz in sie hinein und schreibe es auf ihr Herz. Ich werde ihr Gott sein, und sie werden mein Volk sein. Keiner wird mehr den andern belehren, man wird nicht zueinander sagen: Erkennt den Herrn!, sondern sie alle, klein und groß, werden mich erkennen – Spruch des Herrn. Denn ich verzeihe ihnen die Schuld, an ihre Sünde denke ich nicht mehr.

Mt 2,19-23 Als Herodes gestorben war, erschien dem Josef in Ägypten ein Engel des Herrn im Traum und sagte: Steh auf, nimm das Kind und seine Mutter, und zieh in das Land Israel; denn die Leute, die dem Kind nach dem Leben getrachtet haben, sind tot. Da stand er auf und zog mit dem Kind und dessen Mutter in das Land Israel. Als er aber hörte, dass in Judäa Archelaus an Stelle seines Vaters Herodes regierte, fürchtete er sich, dorthin zu gehen. Und weil er im Traum einen Befehl erhalten hatte, zog er in das Gebiet von Galiläa und ließ sich in einer Stadt namens Nazaret nieder. Denn es sollte sich erfüllen, was durch die Propheten gesagt worden ist: Er wird Nazoräer genannt werden.

Hoffnung der im Exil lebenden Israeliten und von der Verheißung von Israels Wiederherstellung handelt. Die gesamte Verheißung ist dort in drei Abschnitte untergliedert, die mit dem Hinweis eingeführt werden „Seht es werden Tage kommen – Spruch des HERRN" (Jer 30,3; 31,27.31). In den drei Abschnitten werden die sogenannten Väterverheißungen Israels erneut bestätigt: Land, Volk und Bund mit Gott. Das Trostbüchlein hat seinen Gipfel im letzten Teil, der Verheißung eines „Neuen Bundes". Dieser *Neue Bund*, den Jer 31,31 verheißt, ist aber kein neuer im Sinne eines anderen gegenüber dem bisherigen. Vielmehr will Gott Israel seinen Bund in neuer Unmittelbarkeit geben, damit er von Seiten der Menschheit nicht mehr gebrochen werden kann. Grundlage aller Verheißungen und auch des Neuen Bundes selbst ist aber nach Jer 31,34 die Sündenvergebung Gottes. Sehr tief führt Matthäus uns als seine Leser gleich zu Beginn seines Evangeliums an das Verständnis des Neuen Bundes heran, indem er den versöhnenden und verzeihenden Gott durch das Weinen Rahels in Erinnerung bringt. Mit dem Jeremiazitat gelingt es Matthäus seinen bibelkundigen Lesern und Hörern gleich zu Beginn seines Evangeliums einen großen Erwartungs- und Deutehorizont für die Jesusgeschichte zu eröffnen, der ihnen zeigt, dass es um weit mehr geht, als nur ein paar Geschichten aus dem Leben dieses Jesus. Es ist keine Erzählung besonderer Grausamkeit, die das Leben Jesu begleitet, sondern gerade durch das Jeremiazitat deutet Matthäus seinen Lesern diese Tat des Herodes im großen Horizont der Dramatik des Christusgeschehens, denn dem Tod der Vielen wegen des einen Kindes steht der Tod des Einen für die Vielen in der Passion Jesu gegenüber. Beim Becherwort des Abendmahls spricht Jesus im Matthäusevangelium vom Blut des Bundes, das für viele vergossen wird zur Vergebung der Sünden (Mt 26,28) und erinnert damit die Verheißung des Neuen Bundes aus **Jer 31,31-34**.

Das letzte der fünf Zitate führt schließlich dahin, wo auch die anderen ihren Grund haben, nämlich zur allgemeinen Schriftautorität im frühen Christentum. Den Hinweis darauf, dass Josef sich einem im Traum erhaltenen Befehl folgend mit seiner Familie in Nazaret niederlässt, verbindet Matthäus mit einem „Erfüllungshinweis" darauf, dass „die Propheten" gesagt hätten, dass er „Nazoräer" genannt werden wird. Nun findet sich ein solcher Hinweis weder bei einem der Propheten der Bibel Israels noch in einem anderen alttestamentlichen Buch, so dass man oft versucht hat, auf ähnlich lautende hebräische Worte zurückzugreifen, doch hilft es eigentlich nicht weiter, weil die Verbindung zum Wort und Ort Nazaret von der Perikope **Mt 2,19-23** her konstitutiv ist und die Bezeichnung Nazoräer für die Christen darüber hinaus bekannt war. Hier liegt ein Schriftbezug vor, der nicht auf einer eindeutigen

1 Kor 15,3b-4 Christus ist für unsere Sünden gestorben, gemäß der Schrift, und ist begraben worden. Er ist am dritten Tag auferweckt worden.

Hebr 1,1 Viele Male und auf vielerlei Weise hat Gott einst zu den Vätern gesprochen durch die Propheten.

Schriftstelle basiert. Solches findet sich auch in einem der ältesten christlichen Bekenntnisse, das Paulus in **1 Kor 15,4** überliefert und zitiert: „… Er ist begraben worden und auferweckt am dritten Tag – gemäß der Schrift". Keine Bibelstelle spricht aber von der Auferweckung am dritten Tag. In solchen Schriftbezügen kommt vielmehr die „Glaubensüberzeugung von der Gottgewolltheit" (Franz Mußner) des Geschehens zum Ausdruck. Der Begriff „die Propheten" kann im frühen Christentum durchaus als Begriff für die ganze Schrift verwendet werden (vgl. **Hebr 1,1** u.ä.). Durch den damit gegebenen Rückgriff auf die Bibel Israels wird die Übereinstimmung des Berichteten mit der Offenbarung Gottes betont. Das ist für Matthäus zum Abschluss der Kindheitsgeschichte von nicht zu unterschätzender Bedeutung, so dass der marginal wirkende Satz doch eher wie eine Zusammenfassung christlicher Überzeugung im Blick auf die Bibel Israels wirkt, und seine Bedeutung in der weiteren Erzählung des Evangeliums entfalten kann. Unser ganz alltägliches Christentum – im Laufe der Zeit – könnte doch in ganz neue Räume vorstoßen, wenn wir uns auf diese „Erfüllung", die Matthäus uns so nachhaltig schon am Anfang seines Evangeliums vor Augen stellt, einlassen würden.

Durch die fünf besprochenen expliziten Schriftbezüge aus Mt 1-2 lässt sich erkennen, wie tief die neutestamentliche Botschaft in der Bibel Israels, dem christlichen Alten Testament, verwurzelt ist. Schnell ließen sich auch über die hier angesprochenen expliziten Bezüge hinaus weitere – implizite – in diesen beiden Kapiteln namhaft machen. Macht man sich selbst aber einmal als Leser auf den Weg, das Neue Testament so vom Alten Testament her zu lesen, dann kann man etwas von der Dramatik und Dynamik der neutestamentlichen Botschaft wiedergewinnen, weil man dann nicht mehr nur *alten Texten* begegnet, die dies oder das berichten, sondern unmittelbar in das hineingezogen wird, was die neutestamentlichen Autoren verkündigen wollten. Matthäus weist uns am Anfang seines Evangeliums einen Weg zur Gottesbegegnung, die in der Begegnung mit seinem Wort, der Heiligen Schrift, geschieht. Genau dies ist der tiefste Grund der Weihnachtsbotschaft.

Lk 2,1-20 In jenen Tagen erließ Kaiser Augustus den Befehl, alle Bewohner des Reiches in Steuerlisten einzutragen. Dies geschah zum erstenmal; damals war Quirinius Statthalter von Syrien. Da ging jeder in seine Stadt, um sich eintragen zu lassen. So zog auch Josef von der Stadt Nazaret in Galiläa hinauf nach Judäa in die Stadt Davids, die Betlehem heißt; denn er war aus dem Haus und Geschlecht Davids. Er wollte sich eintragen lassen mit Maria, seiner Verlobten, die ein Kind erwartete. Als sie dort waren, kam für Maria die Zeit ihrer Niederkunft, und sie gebar ihren Sohn, den Erstgeborenen. Sie wickelte ihn in Windeln und legte ihn in eine Krippe, weil in der Herberge kein Platz für sie war. In jener Gegend lagerten Hirten auf freiem Feld und hielten Nachtwache bei ihrer Herde. Da trat der Engel des Herrn zu ihnen, und der Glanz des Herrn umstrahlte sie. Sie fürchteten sich sehr, der Engel aber sagte zu ihnen: Fürchtet euch nicht, denn ich verkünde euch eine große Freude, die dem ganzen Volk zuteil werden soll: Heute ist euch in der Stadt Davids der Retter geboren; er ist der Messias, der Herr. Und das soll euch als Zeichen dienen: Ihr werdet ein Kind finden, das, in Windeln gewickelt, in einer Krippe liegt. Und plötzlich war bei dem Engel ein großes himmlisches Heer, das Gott lobte und sprach: Verherrlicht ist Gott in der Höhe, und auf Erden ist Friede bei den Menschen seiner Gnade. Als die Engel sie verlassen hatten und in den Himmel zurückgekehrt waren, sagten die Hirten zueinander: Kommt, wir gehen nach Betlehem, um das Ereignis zu sehen, das uns

Das Evangelium des Lukas

Anders als im Matthäusevangelium, in dem die Geschichte von der Geburt Jesu gleich schon in Betlehem beginnt und Josef, Maria und Jesus erst nach dem Ägyptenaufenthalt ihre Heimatstadt Betlehem hinter sich lassen, um dann nach Nazaret überzusiedeln, beginnt die Geschichte des Lukas in Nazaret. Lukas nennt Nazaret als Ausgangspunkt und erklärt ausführlich, warum das Kind der Maria in Betlehem zur Welt kommt und dass dieser Jesus in einem Stall geboren wird und in eine Futterkrippe gelegt wird. Dann erzählt er auch noch von Hirten, die von einem Engel den Hinweis auf „das Kind in der Krippe" bekommen haben. Weitere Details erfährt man im Lukasevangelium nicht, so dass viele Fragen offen bleiben: Waren andere Menschen, die auch keinen Platz mehr in der Herberge gefunden hatten, mit in dieser Notunterkunft? Waren sie zwischen den Tieren untergebracht oder handelte es sich um einen leer stehenden Stall? Wo lag der Stall, irgendwo an den Weiden oder im Dorf direkt bei der Herberge? Matthäus spricht nur von einem Haus, in dem die Sterndeuter das Kind und seine Mutter finden. War es ein niedriger Schafs- und Ziegenstall oder ein geräumigerer zum Unterstellen von Großvieh? Nichts von all dem erfahren wir im Neuen Testament, und gerade deshalb verwundert es, dass lange bevor die Schafe der Hirten auf den Weihnachtsdarstellungen zu sehen sind, Ochs und Esel auf keinem der ältesten christlichen „Weihnachtsbilder" fehlen. Fast hat man den Eindruck, als hätte irgendwer noch etwas gewusst von diesem Ochsen oder Esel, was die Evangelisten schon nicht mehr kannten oder übersehen haben. Sucht man nach dieser scheinbar verloren gegangenen Überlieferung von Ochs und Esel an der Krippe, dann wird es geradezu spannend. Denn man findet keine Geschichte und keinen Hinweis darauf, dass irgendwer von irgendwem noch eine Erinnerung an Ochs und Esel erhalten hat, aber was man findet, sind die ältesten bildlichen Darstellungen der Weihnachtsbotschaft im Christentum. Und die haben nicht – wie man erwartet – Maria und Josef und das Kind in der Krippe, sondern die haben nur das Kind in der Krippe gerahmt von Ochs und Esel!

Ein seltsames Ensemble bildet dieser Säugling mit Ochs und Esel, so ganz unwirklich und unnatürlich. Und Maria und Josef, die doch nun wirklich ins Zentrum gehören und im Evangelium schließlich auch erwähnt sind, einfach

Jes 1,3 Der Ochse kennt seinen Besitzer und der Esel die Krippe seines Herrn; Israel aber hat keine Erkenntnis, mein Volk hat keine Einsicht.

Jes 1,4 Weh dem sündigen Volk, der schuldbeladenen Nation, der Brut von Verbrechern, den verkommenen Söhnen! Sie haben den Herrn verlassen, den Heiligen Israels haben sie verschmäht und ihm den Rücken gekehrt.

Hab 3,2 Herr, ich höre die Kunde, ich sehe, Herr, was du früher getan hast. Lass es in diesen Jahren wieder geschehen, offenbare es in diesen Jahren! Auch wenn du zürnst, denk an dein Erbarmen!Jerusalem.

der Herr verkünden ließ. So eilten sie hin und fanden Maria und Josef und das Kind, das in der Krippe lag. Als sie es sahen, erzählten sie, was ihnen über dieses Kind gesagt worden war. Und alle, die es hörten, staunten über die Worte der Hirten. Maria aber bewahrte alles, was geschehen war, in ihrem Herzen und dachte darüber nach. Die Hirten kehrten zurück, rühmten Gott und priesen ihn für das, was sie gehört und gesehen hatten; denn alles war so gewesen, wie es ihnen gesagt worden war.

weglässt, um das Ganze auf Ochs, Esel und das Kind zu reduzieren, der kann nicht irgendeine besondere Erinnerung an die Verhältnisse bei der Geburt Jesu darstellen wollen. Wer so etwas darstellt, will den Betrachtern seines Bildes wohl etwas anderes sagen.

Erkennt man erst einmal, dass es sich hier nicht um eine Abbildung der realen Verhältnisse nach der Geburt des Kindes handelt und hier nicht das erste Bild des Neugeborenen für das Familienalbum vorliegt, dann führen uns die einzelnen Elemente des Bildes schnell zu dem, was der Künstler sagen wollte. Ausgangspunkt dieser Komposition ist das dreimal in der lukanischen Kindheitsgeschichte vorkommende Stichwort „Krippe“ V. 7.12.16, das schon die Kirchenväter zu einer Verbindung mit **Jes 1,3** geführt hat. Dort heißt es: „Der Ochse kennt seinen Besitzer und der Esel die Krippe seines Herrn.“ Die ältesten christlichen Weihnachtsbilder greifen also auf diese Auslegung zurück und stellen sozusagen durch Ochs und Esel und die Krippe mit dem Kind der Weihnachtsbotschaft eine alttestamentliche Bibelstelle an die Seite, um so aus dem Ganzen der Heiligen Schrift das Weihnachtsereignis zu interpretieren. Unter den Auslegungen der Kirchenväter zu dieser Jesajastelle findet man die Deutung, dass Ochs und Esel für die Kirche aus Juden und Heiden stehe, die ihren Herrn in der Krippe erkennen, während Israel ihn nicht erkennen würde, worauf der bei Jesaja folgende **Vers 3/4** anspielt. Es begegnen dann auch weitergehende Deutungen, die Ochs und Esel als reines und unreines Tier auf Israel und die Kirche beziehen, und Deutungen, die die Stelle aus Jesaja in Verbindung bringen mit dem griechischen bzw. lateinischen Text von **Hab 3,2**, wo es heißt: „Inmitten zweier Lebewesen wirst du erkannt werden.“ Die Stelle aus Hab 3,2 spielt auch eine wichtige Rolle in der Karfreitagsliturgie zur Deutung des Todes Jesu zwischen den beiden Schächern, so dass hier durch die Verbindung von Ochs und Esel und den beiden Lebewesen ein Bogen zwischen Geburt und Tod Jesu geschlagen wird.

Bei den genannten frühchristlichen Bildern, die durch Ochs und Esel Jes 1,3 in die Weihnachtsgeschichte hineinbringen, muss man nicht vorschnell die Deutung auf die eine oder andere Auslegung der Kirchenväter beschränken. Es geht vielmehr um ein grundsätzliches Deutungsangebot, eine Spur, die gelegt wird, um die Geburt Christi aus der Geschichte Israels heraus zu verstehen. Der Betrachter soll dabei natürlich nicht im Sinne einer modernen Bibelkundeprüfung die alttestamentliche Bibelstelle nennen, die dort dargestellt ist, sondern er muss diese Stelle in ihrem Kontext als Hintergrund „einspielen“, um das zu verstehen, was sich mit und bei der Geburt Jesu ereignet. So soll die Weihnachtsbotschaft ihre Bedeutung für den Einzelnen entfalten können. Der zitierte Vers

Jes 1,2a Hört, ihr Himmel! Erde, horch auf!

Jes 1,2b Denn der Herr spricht: Ich habe Söhne großgezogen und emporgebracht, doch sie sind von mir abgefallen.

Jes 1,3b Israel aber hat keine Erkenntnis, mein Volk hat keine Einsicht.

mit Ochs und Esel steht ganz am Anfang des Jesajabuches und eröffnet nicht nur den ersten Weheruf und die Gerichtsbotschaft des ersten Kapitels, sondern geradezu das ganze Prophetenbuch. Der Höraufruf „Hört zu, Himmel; lausche auf, Erde“ (**Jes 1,2a**), der als rhetorische Floskel schnell überlesen wird, entpuppt sich als höchst bedeutsam; denn an den Himmel und die Erde gerichtet, streicht er heraus, dass das dann angesprochene Verhältnis Israels zu seinem Gott im wahrsten Sinn des Wortes globale Bedeutung hat. Es ist keine Angelegenheit, die Gott still im Verborgenen mit seinem Volk aushandeln will, nein, was hier von Gott angesprochen wird, ist weltbewegend, berührt und betrifft weit über Israel hinaus. Kurz und knapp im Bild von Vater und Söhnen stellt der Gottesspruch die Situation dar. Gott hat wahrlich etwas gemacht aus Israel, er hat sie wie Söhne „groß gemacht und hoch erhoben“ (**Jes 1,2b**), wie es wörtlich im Text heißt. Wenn dem schließlich so krass gegenübergestellt wird, dass sie als Reaktion aber mit ihm gebrochen haben, dann klingt es zuerst allzu menschlich, wie der Vorwurf eines enttäuschten und verärgerten Vaters, dessen Kinder sich in seinen Augen undankbar erweisen, wenn sie andere Wege gehen als er ihnen vorgezeichnet hat. Doch dass es darum gerade nicht geht, sondern um eine Zustandsbeschreibung, zeigt das unmittelbar angefügte Bild aus der Tierwelt. Das Bild greift nicht auf die fälschlich erwartete notwendige Dankbarkeit oder den geforderten Gehorsam hin, sondern auf die Selbstverständlichkeit, mit der die Tiere ihren Besitzer und Ernährer annehmen.

Zu wissen, wo man hingehört, was und wer einen am Leben erhält, das scheint die einfachste und natürlichste Sache der Welt zu sein, die selbst den Tieren, die doch ohne Verstand sind, eigen ist. Insofern ist es geradezu verwunderlich, dass Israel dies nicht erkennt, und in seinem Verhalten an den Tag legt, dass es nicht zu unterscheiden vermag – so die wörtliche Übersetzung von „sich unwissend zeigen“ – zwischen dem was es bekommen hat, und dem was es selbst tut.

Das ganze Wort läuft also darauf hinaus, dass Gott geradezu kopfschüttelnd vor dem Verhalten Israels steht (**Jes 1,3b**). Israels Lebenspraxis ist völlig unverständlich, weil der Bruch mit Gott einem widernatürlichen Sich-Selbst-Abschneiden vom Leben gleichkommt. Würde ein Ochse oder ein Esel jemals in vergleichbarer Weise sich seinem hingestellten Futter verweigern? Was Gott getan hat, als er „Söhne groß machte und hoch erhob“, lässt sich kurz zusammenfassen in der Befreiungstat des Exodus und der Erwählung Israels zum Volk Gottes, weshalb auch hier am Ende des Spruchs Gott betont Israel „mein Volk“ nennt. Gerade Letzteres führt zum Ausgangspunkt dieser Rede zurück, dass nämlich das, was hier angesprochen ist, die ganze Welt angeht, denn die Erwählung

Jes 1,4 Weh dem sündigen Volk, der schuldbeladenen Nation, der Brut von Verbrechern, den verkommenen Söhnen! Sie haben den Herrn verlassen, den Heiligen Israels haben sie verschmäht und ihm den Rücken gekehrt.

Jes 1,3 Der Ochse kennt seinen Besitzer und der Esel die Krippe seines Herrn; Israel aber hat keine Erkenntnis, mein Volk hat keine Einsicht.

Lk 2,12 Und das soll euch als Zeichen dienen: Ihr werdet ein Kind finden, das, in Windeln gewickelt, in einer Krippe liegt.

Israels ist im Verständnis der Bibel kein Privileg, das Israel in eine geschützte Sonderstellung gegenüber allen anderen Völkern bringen würde, sondern ein Anspruch an Israel, eine Aufgabe, weil alle anderen Völker durch dieses erwählte Volk den einen und einzigen Gott kennen lernen sollen. An Israel und seinem Verhalten soll die Welt Gott erkennen können. Hier steckt das Dilemma auf das Jesaja am Anfang seiner ganzen Verkündigung hinweist. Wenn Israel seinen Auftrag und seine Aufgabe nicht mehr sieht, seinen eigenen Ursprung als erwähltes Volk verkennt, dann durchtrennt es nicht nur für sich selbst die Verbindung zum Leben, sondern die natürliche Ordnung, die Gottes Ordnung ist, droht aus den Fugen zu geraten (**Jes 1,4**). In der Erwählung Israels hat Gott sich soweit in die Hände der Menschen gegeben, dass er nicht mehr bei den Menschen anzukommen vermag, wenn Israel sich trennt und sein will wie alle Völker!

Das ganze Wort des Jesaja ist also nur indirekt eine Anklage an Israel, zuerst einmal ist es ein Appell an die ganze Welt zu erkennen, welche Bedeutung die Erwählung Israels für sie hat. Dies allein führt zur Begegnung mit dem Gott, der befreit und erwählt und so Leben schenkt und erhält.

Von hierher zu den frühchristlichen Weihnachtsbildern zurückkehrend spüren wir schnell, mit wie viel Fragen uns das so vertraute und anheimelnd wirkende Bild vom Kind in der Krippe mit Ochs und Esel konfrontiert. Erkennen wir mit derselben Einfachheit und Selbstverständlichkeit, ja Naturnotwendigkeit, wie das Tier seinen Besitzer und seinem Futtertrog zugewandt ist, wem wir im Kind in der Krippe begegnen? Verstehen wir eigentlich, dass es der Gott ist, der Israel befreit und erwählt hat, der sich uns hier zuwendet?

Der Besitzer, der Herr der Krippe, den Ochs und Esel kennen, das ist für die Christen der Gott Israels und die Krippe selbst, der Futtertrog, das kann für sie nur die Bibel Israels sein, das sogenannte Alte Testament (vgl. **Jes 1,3**). Das Bild von der Krippe mit Ochs und Esel tritt also ganz deutlich für die oft im Christentum verkannte Kontinuität zwischen Altem und Neuem Bund ein, die ihren Grund in der Kontinuität des Handelns Gottes hat. Die Unverständlichkeit des Verhaltens Israels, von der das Jesajawort spricht, überträgt sich also im frühchristlichen Weihnachtsbild wie von selbst auf die Christen, die diese Kontinuität nicht erkennen wollen oder können. Markion, der Häretiker der frühen Kirche, der glaubte, zwischen einem Gott des Alten und des Neuen Testamentes trennen zu müssen, weil der eine ein Gott der Rache und der andere ein Gott der Barmherzigkeit sei, ist ein Beispiel aus der frühen Kirche für das, wogegen sich solch ein Weihnachtsbild wendet. Das Kind in der Krippe (vgl. **Lk 2,12**) mit Ochs und Esel ist also eigentlich weit entfernt von einer bloßen Darstellung der Geburt Christi. Es ist ein Bildprogramm, das tiefe theologi-

Lk 2,8 In jener Gegend lagerten Hirten auf freiem Feld und hielten Nachtwache bei ihrer Herde.

Lk 2,10-11 Der Engel aber sagte zu ihnen: Fürchtet euch nicht, denn ich verkünde euch eine große Freude, die dem ganzen Volk zuteil werden soll. Heute ist euch in der Stadt Davids der Retter geboren; er ist der Messias, der Herr.

sche Zusammenhänge ausleuchtet, um so Weihnachten erst in seiner Bedeutung für die Christen verständlich zu machen. Der Heilige Hieronymus hat die Fragen, die ein solches Weihnachtsbild aufwirft, in einen kurzen Spruch gefasst: „Die Schrift nicht kennen, heißt Christus nicht kennen!". Nur zu oft und zu schnell haben Christen diesen Spruch missverstanden und verharmlost, indem sie ihn auf das Neue Testament bezogen haben, so als meine Hieronymus, dass derjenige, der das Neue Testament nicht kennt, auch nichts von Jesus, dem Christus, wissen könne. Doch so simpel und trivial hat Hieronymus nicht gedacht. Die Schrift, das ist für seine Zeit die Bibel Israels, das spätere Alte Testament der Christen. Nur wer dies kennt, kann im Verständnis des Hieronymus auch Christus erkennen, weil nur von der Schrift her zu erkennen ist, dass von der Geburt Jesu bis zu seinem Tod und seiner Auferstehung sich der Gott Israels offenbart.

Schaut man sich so manche unserer Weihnachtskrippen an, muss man den Eindruck bekommen, dass auf den Feldern von Betlehem ganze Sippen im Freien bei den Herden übernachteten; denn dort eilen groß und klein, alte Männer und Mütter mit Säuglingen zur Krippe. Das Lukasevangelium sagt aber nur, dass auf den Feldern Hirten Nachtwache hielten. Das werden sicher immer nur einige wenige gewesen sein und nicht ganze Familien. Nomadenfamilien, die in Zelten leben, sind zur Zeit Jesu in der Gegend von Betlehem wohl auch nicht mehr anzutreffen, und die hat der Evangelist Lukas sicher auch nicht im Blick, wenn er von der Nachtwache der Hirten spricht.

Aber warum erscheint der Engel eigentlich diesen Hirten? Sind es nur gerade die – im wahrsten Sinn des Wortes – Nächstliegenden? Sollten etwa nur recht schnell die ersten zur Krippe kommen, um anzubeten? Oder passen diese Hirten einfach am besten zum Geburtsort, zum Stall und der Krippe?

Im Lukasevangelium heißt es in der Botschaft des Engels an die Hirten allerdings: „Frohe Botschaft bringe ich euch, eine große Freude, die für das ganze Volk sein wird" (**Lk 2,10**). Sinn und Ziel der Kunde, die die Hirten erreicht, ist also die große Freude für Israel, für das ganze Volk. Der Grund der Freude wird von dem Engel nun noch genauer benannt: „Denn heute wurde euch ein Retter geboren, er ist der Messias, der HERR, in der Stadt Davids" (**Lk 2,11**).

Doch dann spricht der Engel eigentümlicherweise von einem Zeichen. Er sagt nicht, ihr findet ihn, den Messias, da oder dort, so oder so. Nein, dass sie, die Hirten, ein Kind in Windeln gewickelt in einer Krippe liegend finden werden, dies soll ihnen Zeichen sein. Ein Zeichen weist aber immer auf etwas anderes hin, das es selbst nicht ist. Doch worauf soll das Kind in der Krippe die Hirten weisen?

Am 7,15 Aber der Herr hat mich von meiner Herde weggeholt und zu mir gesagt: Geh und rede als Prophet zu meinem Volk Israel!

Amos 3,3-8 Gehen zwei den gleichen Weg, ohne dass sie sich verabredet haben? Brüllt der Löwe im Wald, und er hat keine Beute? Gibt der junge Löwe Laut in seinem Versteck, ohne dass er einen Fang getan hat? Fällt ein Vogel zur Erde, wenn niemand nach ihm geworfen hat? Springt die Klappfalle vom Boden auf, wenn sie nichts gefangen hat? Bläst in der Stadt jemand ins Horn, ohne dass das Volk erschrickt? Geschieht ein Unglück in einer Stadt, ohne dass der Herr es bewirkt hat? Nichts tut Gott, der Herr, ohne dass er seinen Knechten, den Propheten, zuvor seinen Ratschluss offenbart hat. Der Löwe brüllt - wer fürchtet sich nicht? Gott, der Herr, spricht - wer wird da nicht zum Propheten?

Zeichen spielen eine große Rolle bei den Propheten Israels. Zumeist sollen sie denjenigen, die von Gott durch die Propheten angesprochen werden, als Bestätigung dafür dienen, dass ein wahrer, von Gott geschickter und beauftragter Prophet zu ihnen spricht, so dass seine Botschaft wirklich von Gott kommt, Wort Gottes ist.

Dass die Hirten dem Engel misstrauen und deshalb ein solches Bestätigungszeichen für sich benötigen, ist nicht anzunehmen. Aber der Engel hat ja nicht eine „große Freude" für die Hirten verkündigt, sondern ihnen diese große Freude für ganz Israel mitgeteilt. Darin steckt zweifellos ein prophetischer Auftrag. Der Engel öffnet sozusagen den Hirten den Himmel. Er eröffnet ihnen ein kleines Stück vom Heilsplan Gottes für die Menschen. Da dies aber dem ganzen Volk gilt, erhalten sie noch ein Zeichen, das den anderen bestätigen soll, dass sie, die Hirten, wahrhaft von Gott her sprechen.

Wer dies alles wahrnimmt und die Bibel Israels, das Alte Testament der Christen, kennt, wird besonders hellhörig. Die Stichworte sind allzu deutlich: Das Gebiet von Betlehem, die Hirten, die Botschaft Gottes und der prophetische Auftrag. Der Prophet Amos gilt im Alten Testament als der Prophet, den Gott „von der Herde weggeholt" (**Am 7,15**) hat. Im Streit mit dem Priester Amazja am Heiligtum von Bet-El, wohin er von Gott geschickt wird, betont Amos, dass er kein Prophet sei, sondern „Viehzüchter", und dieser Hirte, der am Zentralheiligtum des Nordreiches Israel im achten Jahrhundert v. Chr. auftritt, wird in der Einleitung des nach ihm benannten Prophetenbuches näher hin als ein Schafzüchter aus Tekoa (Am 1,1) gekennzeichnet. Tekoa ist ein kleines Dorf im Südreich Juda im Gebiet von Betlehem.

Man muss einfach an diesen Amos denken, wenn man bei Lukas von den Hirten hört, die in jener Gegend Nachtwache hielten, und die eine Botschaft Gottes für das ganze Volk Israel erhalten. Im Buch dieses Propheten Amos, den Gott von der Herde weg zu seinem Boten gemacht hat, wird diese Art der Berufung und Beauftragung in **Am 3,3-8** selbst ausgesprochen:

Die hier benutzten Bilder sind stark und selbstredend. Sie entstammen alle der unmittelbar einsichtigen Beziehung von Ursache und Wirkung. Nichts geschieht grundlos bzw. das eine löst das andere aus. Der Text drückt diese Naturnotwendigkeit, die Selbstverständlichkeit und Einsichtigkeit durch rhetorische Fragen aus. „Nein, das geschieht wohl nicht!", kann man auf die ersten sechs Fragen nur antworten, und die gleich gestaltete siebte Frage verlangt dieselbe Antwort. Sie, die siebte Frage, führt aber aus dem bekannten und einsichtigen Bereich der Natur heraus. Nun kommt Gott ins Spiel. Es wird hier nicht beim philosophischen Gedanken der Letztursache, auf die alles zuvor Beschriebene

Lk 2,17 Als sie es sahen, erzählten sie, was ihnen über dieses Kind gesagt worden war.

Lk 2,18 Und alle, die es hörten, staunten über die Worte der Hirten.

Lk 1,26-38 Im sechsten Monat wurde der Engel Gabriel von Gott in eine Stadt in Galiläa namens Nazaret zu einer Jungfrau gesandt. Sie war mit einem Mann namens Josef verlobt, der aus dem Haus David stammte. Der Name der Jungfrau war Maria. Der Engel trat bei ihr ein und sagte:
Sei gegrüßt, du Begnadete, der Herr ist mit dir. Sie erschrak über die Anrede und überlegte, was dieser Gruß zu bedeuten habe. Da sagte der Engel zu ihr: Fürchte dich nicht, Maria; denn du hast bei Gott Gnade

zurückzuführen sei, eingesetzt, sondern beim konkret Erfahrbaren. Der, der letztendlich auch das Unglück in einer Stadt bewirkt, bestimmt also das Schicksal der Menschen. Dies ist so, weil er Gott ist und hinter allem steht, und weil nichts ohne Gott geschehen kann.

Aus diesem Verständnis des Gerufen-/Berufenseins der Propheten ergibt sich auch die Notwendigkeit als Prophet aufzutreten, ja geradezu der Zwang zur Verkündigung. Dieser innere Druck wird im oben angeführten Text aus dem Amosbuch dadurch herausgestrichen, dass nach der Aussage, dass Gott nichts tut, ohne es zuvor seinen Propheten kundzutun, noch einmal zwei weitere rhetorische Fragen angehängt werden, die sich an die vorausgehenden anlehnen. Sie lassen schließlich keinen Zweifel mehr an der Unausweichlichkeit der Berufung zum Propheten. Dazu bedarf es aber keiner vorausgehenden geistlichen Spezialausbildung und auch keiner Einstimmung. Wenn Gottes Wort kommt, dann ist derjenige, den es erreicht, Prophet. Das sieht man nicht nur bei Amos, sondern auch bei anderen Propheten des Alten Testaments, die sich zuerst sträuben, Prophet zu werden, weil sie spüren und ahnen, mit welcher Last dies verbunden ist.

Die Hirten, die auf den Feldern von Betlehem Nachtwache hielten, werden durch die Botschaft, die der Engel ihnen bringt, ganz einfach zu Propheten. Sie werden von ihren Herden weggeholt. In Betlehem angekommen, finden sie das Kind in der Krippe, wie angekündigt. Dort erzählen sie, was ihnen über dieses Kind gesagt worden war (**Lk 2,17**). Dabei wird der prophetische Auftrag der Hirten für ganz Israel erkennbar; denn der Evangelist Lukas sagt, dass alle die es hörten, über die Worte der Hirten staunten (**Lk 2,18**). Der Evangelist berichtet nicht, wer denn dort noch im Stall zugegen war, als die Hirten ankamen. Ihm kommt es vielmehr darauf an, dass die Botschaft, die die Hirten zu verkünden haben, die Menschen erreicht, und dazu verwendet er den Ausdruck „staunen/wundern", weil sie nicht nur einfach etwas hören, sondern das Gehörte sie zutiefst bewegt und berührt.

An Maria, die im Lukasevangelium durch die Verkündigung des Engels Gabriel schon um die Besonderheit ihres Kindes weiß (**Lk 1,26-38**), verdeutlicht Lukas bei den Worten der Hirten, was *Verstehen* wirklich heißt. „Maria bewahrte die Worte in ihrem Herzen und dachte darüber nach", so oder ähnlich liest man es in den meisten deutschen Übersetzungen. Wörtlich heißt es an der Stelle, dass Maria alles zusammen hütete und die Worte in ihrem Herzen zusammenfügte. Die so umschriebene Art des Verstehens hat etwas von einem Puzzle. Man sammelt die Teile, ordnet sie und setzt sie zusammen. Erst dann, wenn alle Teile an ihrem Platz sind, lässt sich der Sinn des ganzen Bildes erkennen. Maria bringt das, was sie von den Hirten hört, mit dem zusammen, was sie zuvor von dem

Dtn 18,21-22 Und wenn du denkst: Woran können wir ein Wort erkennen, das der Herr nicht gesprochen hat?, dann sollst du wissen: Wenn ein Prophet im Namen des Herrn spricht und sein Wort sich nicht erfüllt und nicht eintrifft, dann ist es ein Wort, das nicht der Herr gesprochen hat. Der Prophet hat sich nur angemaßt, es zu sprechen. Du sollst dich dadurch nicht aus der Fassung bringen lassen.

gefunden. Du wirst ein Kind empfangen, einen Sohn wirst du gebären: dem sollst du den Namen Jesus geben. Er wird groß sein und Sohn des Höchsten genannt werden. Gott, der Herr, wird ihm den Thron seines Vaters David geben. Er wird über das Haus Jakob in Ewigkeit herrschen und seine Herrschaft wird kein Ende haben. Maria sagte zu dem Engel: Wie soll das geschehen, da ich keinen Mann erkenne? Der Engel antwortete ihr: Der Heilige Geist wird über dich kommen, und die Kraft des Höchsten wird dich überschatten. Deshalb wird auch das Kind heilig und Sohn Gottes genannt werden. Auch Elisabet, deine Verwandte, hat noch in ihrem Alter einen Sohn empfangen; obwohl sie als unfruchtbar galt, ist sie jetzt schon im sechsten Monat. Denn für Gott ist nichts unmöglich. Da sagte Maria: Ich bin die Magd des Herrn; mir geschehe, wie du es gesagt hast. Danach verließ sie der Engel.

Engel selbst gehört hatte, sie setzt die Dinge zusammen und versteht auf diese Weise.

Gibt der Evangelist uns nicht hier auch gleich zu Anfang einen Schlüssel zum Verständnis der Jesusüberlieferung an die Hand? Muss man nicht erst eine Menge sammeln, um dann alles zu einem einzigen Bild zusammensetzen zu können? Müssen wir in diesem Sinne als Christen nicht die Bibel Israels, unser Altes Testament, sehr genau kennen, um es mit der Verkündigung Jesu Christi zusammenzubringen, und um dann zu verstehen, was Gott durch seine ganze Geschichte mit den Menschen hindurch von uns heute will? Deutet Lukas mit seinem Hinweis auf das Verstehen Marias nicht auch schon auf ein Verständnis der späteren neutestamentlichen Botschaft hin, die nicht als neue oder andere gegenüber der des Alten Testaments steht, sondern sich als weiterer Teil im großen Puzzle Gottes erweist, den es aber an der richtigen Stellen einzusetzen gilt?

Die Hirten haben ihren prophetischen Auftrag erfüllt. Wie Amos, der für kurze Zeit von den Herden wegberufen wurde, um als Prophet aufzutreten, können auch sie nun zu ihren Herden zurückkehren, war doch alles so gewesen, „wie es zu ihnen gesagt worden war“ (Lk 2,20). Dieser Schluss, den Lukas unter die Geschichte von den Hirten setzt, unterstreicht nochmals das Prophetische ihres Auftretens an der Krippe; denn dass das Angekündigte auch wirklich entsprechend eintrifft, ist ein wichtiger Punkt innerhalb der biblischen Überlieferung, um zwischen wahrer und falscher Prophetie zu unterscheiden, wie es beispielsweise im Buch Deuteronomium (18,21-22) geschieht. Lukas greift mit dieser Geschichte von den Hirten, die als Propheten auftreten, etwas für das Christentum ganz Zentrales auf. Er lässt uns als Leser und Hörer seines Evangeliums gleich zu Beginn erkennen, dass die Christusbotschaft nichts völlig Neues, vom Himmel Gefallenes, ist, sondern dass sie ihren Grund in Gottes Offenbarung an Israel hat. Später wird das Prophetische insgesamt sogar zum Schlüssel für das Verstehen des Alten Testaments bei den Christen. Nach jüdischem Verständnis gehören zu den „Propheten“ auch die Bücher Josua, Richter, die Samuel-Bücher und die Bücher der Könige, weil sie Erzählungen von Propheten enthalten (z.B. von Samuel, Nathan, Elija oder Elischa) und auch in prophetischem Geist geschrieben sind.

Die im Christentum zu beobachtende prophetische Perspektive, die zuerst große Teile der Bibel Israels als Prophetie auffasst, später dann das Ganze, ist allerdings keine christliche Erfindung. In der Zeit um Jesu Geburt gibt es wohl mehrere jüdische Gruppen, die das Ende der Zeiten bzw. den Anbruch der Gottesherrschaft erwarten, erhoffen oder befürchten und deshalb ihre Heilige Schrift, die Bibel Israels, als prophetische Weissagung auf das Ende hin lesen.

Am 3,7 Nichts tut Gott, der Herr, ohne dass er seinen Knechten, den Propheten, zuvor seinen Ratschluss offenbart hat.

Lk 1,32 Er wird groß sein und Sohn des Höchsten genannt werden. Gott, der Herr, wird ihm den Thron seines Vaters David geben.

Hebr 1,1 Viele Male und auf vielerlei Weise hat Gott einst zu den Vätern gesprochen durch die Propheten.

Deutliche Beispiele dafür lassen sich in den Schriften finden, die man seit 1947 in den Höhlen von Qumran am Toten Meer entdeckte. Hier gibt es nicht nur Kommentare, die in einer Vers-für-Vers-Auslegung die bekannten Prophetenbücher auf die Situation der dort lebenden Gemeinschaft anwenden, sondern in zahlreichen Fragmenten aus der Höhle 4 finden sich messianische Erwartungen, die den aus dem Neuen Testament bekannten sehr nahe stehen. So liest man in einem Fragment sogar eine Formulierung wie in **Lk 1,32**, die vom „Sohn des Höchsten" (4Q 246) spricht. Diese messianischen Texte und Formulierungen weisen aber nicht auf eine Gleichsetzung oder Abhängigkeit von Christentum und den Verfassern der Qumranschriften, sondern eher und mehr auf die geistigen und geistlichen Strömungen im Judentum dieser Zeit hin. Die Nähe oder auch das gemeinsame Gedankengut ergibt sich nämlich oft wie von selbst, weil all diese Gruppen im Judentum dieselbe Heilige Schrift haben. Auch die Christen haben ja lange – bis ins dritte Jahrhundert – als Heilige Schrift nur die Bibel Israels anerkannt, haben diese aber mehr und mehr aus der Perspektive des Prophetischen gelesen und verstanden, während demgegenüber die Hauptströmungen des Judentums dieselben Schriften vom Zentrum der Offenbarung, nämlich der Tora, dem Pentateuch, her gelesen und verstanden haben. Wenn der Hebräerbrief gleich zu Anfang davon spricht, dass Gott viele Male und auf vielerlei Weise einst zu den Vätern gesprochen habe durch die Propheten (**Hebr 1,1**), dann wird hier die christliche Betrachtung des Alten Testaments als Prophetie ganz deutlich greifbar, weil die angesprochene Vielfalt der Offenbarungen bewusst über den engen Raum der Prophetenbücher hinausgreift.

Lukas steht mit seiner Weihnachtsgeschichte also ganz im Sog dieser prophetischen Sichtweise der Bibel Israels, ja, er bereitet sie sogar in ihrer spezifischen christlichen Ausprägung mit vor. Sind denn die Hirten, von denen Lukas erzählt, für ihn die ersten Christen? Bekennen sie sich schon zu diesem Jesus als dem Christus, dem Messias Israels? Davon weiß er nichts zu berichten. Zuerst einmal steht fest, dass die Hirten einfach in ihr bisheriges Leben zurückkehren, wie jener Amos. Sie sind eben nicht Christen geworden, sondern Propheten! Sie stehen somit in der Reihe der Propheten Israels.

Über die Hinweise auf Amos richtet sich unser Blick darauf, dass Gott nichts tut, ohne es zuvor durch Propheten kundzutun (vgl. **Am 3,7**). Sodann ist zu erkennen, dass die Hirten nicht nur in der Reihe der Propheten Israels stehen, sondern sie die Hörer und Leser des Evangeliums zu den Propheten Israels führen. Dies bedeutet, dass sie die Leser und Hörer des Evangeliums auf das Alte Testament verweisen; denn im Sinne der Zeit wird das gesamte Alte Testament – wie eben gesehen – weitgehend als Prophetie betrachtet.

Lk 2,8-14 In jener Gegend lagerten Hirten auf freiem Feld und hielten Nachtwache bei ihrer Herde. Da trat der Engel des Herrn zu ihnen und der Glanz des Herrn umstrahlte sie. Sie fürchteten sich sehr, der Engel aber sagte zu ihnen: Fürchtet euch nicht, denn ich verkünde euch eine große Freude, die dem ganzen Volk zuteil werden soll: Heute ist euch in der Stadt Davids der Retter geboren; er ist der Messias, der Herr. Und das soll euch als Zeichen dienen: Ihr werdet ein Kind finden, das, in Windeln gewickelt, in einer Krippe liegt. Und plötzlich war bei dem Engel ein großes himmlisches Heer, das Gott lobte und sprach: Verherrlicht ist Gott in der Höhe und auf Erden ist Friede bei den Menschen seiner Gnade.

Amos 3,1-2 Hört dieses Wort, das der Herr gesprochen hat über euch, ihr Söhne Israels, über den ganzen Stamm, den ich aus Ägypten heraufgeführt habe. Nur euch habe ich erwählt aus allen Stämmen der Erde; darum ziehe ich euch zur Rechenschaft für alle eure Vergehen.

Die Verbindung zwischen Hirt und Prophet hat man wohl früh schon bemerkt, oder wie sonst will man sich erklären, dass auf den ältesten Darstellungen der Geburt Christi Hirt und Prophet als deutende Repräsentanten zu finden sind, wie beispielsweise der Ausschnitt aus einem Sarkophagdeckel aus der zweiten Hälfte des vierten Jahrhunderts zeigt, wo neben Ochs und Esel an der Krippe ein Hirt, am Stab zu erkennen, und ein Prophet, mit der Schriftrolle in Händen, zu finden sind?

Die Geschichte der Hirten von Betlehem lässt folglich keinen Zweifel mehr daran, dass die Christen die Bibel Israels, ihr Altes Testament, lesen müssen, um die Christusbotschaft zu verstehen, und dies im wahrsten Sinn des Wortes von Anfang an. Die Hirten selbst und die Botschaft, die ihnen zuteil geworden ist, streichen nochmals heraus, dass es um Israels Erwählung geht, nicht um eine neue Religion, die durch Jesus gegründet werden sollte. Die Hirten, die im Sinne der lukanischen Geschichte (**Lk 2,8-14**) natürlich Juden sind, sollen und müssen nicht ihr Judentum aufgeben und Christen werden, so wie es die zur Macht gekommenen Christen späterer Zeiten allzu oft von ihren jüdischen Mitbürgern verlangten. – Hätten sie da doch nur die Hirten an der Krippe genauer betrachtet!

Der Engel hatte ihnen doch klar gesagt, dass es eine große Freude für das ganze Volk, also Israel, sei. Lukas, der ja nach Ostern, sozusagen im Lichte der Auferstehung, sein Evangelium schreibt, weiß und will natürlich auch, dass die Hörer der Frohbotschaft nicht wie die Hirten einfach zurückkehren in ihren Alltag, sondern zum Glauben an diesen Jesus, den Christus, finden. Doch die Hirten sind gerade auch hier Vorbild, weil sie der Botschaft, die sie ereilte, folgten, sie wurden – wenn auch nur für kurze Zeit – zu Propheten. Wie Amos haben sie dem Wort Gottes, das sie traf, nicht widerstehen können. So verdeutlichen sie uns die bleibende Erwählung Israels und mahnen uns, die wir uns zu Jesus Christus bekennen, dies nicht aus den Augen zu verlieren. Denn unsere Teilhabe an Israels Erwählung, wie sie in der Weihnachtsgeschichte des Lukas beschrieben wird, fordert auch von uns Rechenschaft über unseren Glauben. Dies macht uns auch das Wort des Amos deutlich, auf das uns die Hirtengeschichte des Lukas gestoßen hat, denn es wird vom Gedanken von Erwählung und Rechenschaft eingeleitet.

Für Amos wie für die Hirten von Betlehem steht fest, dass man Prophet werden muss, wenn Gottes Wort ergeht. Und was werden wir, die wir die Hirten an der Krippe betrachten, im Angesicht des fleischgewordenen Gotteswortes? Neue, von diesem Wort angesprochene Menschen oder von der Hirtenidylle Gerührte, die sich dem Weihnachtstreiben zuwenden?

Lk 1,31 Du wirst ein Kind empfangen, einen Sohn wirst du gebären: dem sollst du den Namen Jesus geben.

Lk 2,21 Als acht Tage vorüber waren und das Kind beschnitten werden sollte, gab man ihm den Namen Jesus, den der Engel genannt hatte, noch ehe das Kind im Schoß seiner Mutter empfangen wurde.

Gal 4,4 Als aber die Zeit erfüllt war, sandte Gott seinen Sohn, geboren von einer Frau und dem Gesetz unterstellt.

Joh 4,22 Ihr betet an, was ihr nicht kennt, wir beten an, was wir kennen; denn das Heil kommt von den Juden.

Im Matthäusevangelium ist eine Besonderheit bei der Namensgebung für das Kind festzustellen, nämlich die Spannung zwischen der Immanuel-Verheißung und dem Namen Jesu (vgl. Mt 1,21-25). Hier im Lukasevangelium begegnet zwar kein anderer Name neben Jesus, aber das Besondere, das mit dem Namen verbunden ist, wird schon daraus deutlich, dass bei der Verkündigung der Engel Maria den Auftrag gibt das Kind Jesus zu nennen (**Lk 1,31**), nach der Geburt nun wird die Namensnennung neutral – „man gab ihm den Namen Jesus" – mit Rückverweis auf die Verkündigung gegeben. Doch die Namensnennung ist unmittelbar mit der Beschneidung am achten Tag nach der Geburt verbunden. Die damit gegebene enge Verbindung zum jüdischen Gesetz dient dem Lukasevangelium im Folgenden dazu die Bedeutung des Namens „Jesus" weiter zu erläutern. Doch zuvor muss man die Christen vielleicht irritierende Konkretion der Menschwerdung Gottes wahrnehmen, die Lukas hier ausspricht: Die Menschwerdung Gottes geschieht demnach ganz konkret darin, dass er in sein Volk kommt, d.h. Menschwerdung bedeutet „Jude-Werdung". Die Kirche hat den tiefen Sinn, der in **Lk 2,21** steckt, lange Zeit dadurch betont, dass sie am 1. Januar, also acht Tage nach Weihnachten, das Fest der Beschneidung des Herrn gefeiert hat. Zu der in diesem Fest betonten „menschlichen Seite" trat im Festkreis um Weihnachten als korrespondierendes Fest das der Erscheinung des Herrn am 6. Januar hinzu, durch das die göttliche Seite dieses Neugeborenen in den Mittelpunkt gestellt wird und ihre Verehrung findet. So bildeten das Fest der Beschneidung und das Fest der Erscheinung des Herrn eine Einheit mit dem Weihnachtsfest. Zeitweise gab es auch in diesem Festkreis noch ein eigenes Fest des Namens Jesu, das aber ebenso wie das Beschneidungsfest aufgegeben wurde, obgleich der Grundgedanke, der mit der Beschneidung verbunden ist, auch von Paulus in **Gal 4,4** deutlich betont wird: „Als aber die Zeit erfüllt war, sandte Gott seinen Sohn, geboren von einer Frau und dem Gesetz unterstellt." In der Abschaffung des Beschneidungsfestes deutet sich schließlich auch das Problem des Christentums an, dass es allzu oft seine jüdischen Wurzeln vergessen oder verleugnet hat. Das Neue Testament selbst lässt keinen Zweifel daran, dass das Heil der Welt bleibend mit dem Judentum verbunden ist. Im Johannesevangelium betont Jesus selbst: „Das Heil *ist* (nicht *‚kommt'*, wie oft übersetzt wird!) aus den Juden" (**Joh 4,22**). „Darf die heutige Christenheit den Satz je vergessen? Hätte ihn die Christenheit nie vergessen, wäre ein theologischer Antisemitismus mit seinen furchtbaren Folgen vielleicht nicht möglich gewesen. Sätze haben ihre Konsequenzen!" (Franz Mußner). Es war auch das Fest der Beschneidung Jesu, dasseinerzeit die zum Christentum konvertierte Jüdin Edith Stein für ihren Tauftag wählte!

Namen erinnern – Erinnern verbindet

Viele Texte der Bibel Israels atmen die große Hoffnung auf den Messias. Gerade in der Advents- und Weihnachtszeit bekennen wir Christen vielfältig in Gebeten und Liedern, dass Jesus von Nazaret für uns dieser Messias ist. Zur Eröffnung des Neuen Testaments legt uns der Evangelist Matthäus dieses Bekenntnis durch eine große Genealogie in Mt 1,1-17 aus, die uns den Weg, der in die Bibel Israels führt, zum Verstehen des Messias Jesus weisen will. So ist der Beginn programmatisch, wenn Matthäus von Jesus „Christus", was nichts anderes als die griechische Übersetzung des hebräischen „Messias", das „Gesalbter" bedeutet, spricht, und diesen als Sohn Davids und Sohn Abrahams tituliert. Was diese „Titel" bedeuten, entfaltet Matthäus in ganz typisch biblischer Weise anhand einer Genealogie.

Nomen est omen?

Zugegebenermaßen haben wir als moderne Menschen unsere Schwierigkeiten mit dieser Art von Aufzählung. Nicht nur, dass Genealogien, Stammbäume und Abstammungsnachweise bei uns in Deutschland seit den Tagen der Naziherrschaft einen sehr üblen Beigeschmack haben, sondern es fällt uns einfach schwer, hinter der Aneinanderreihung von Namen schon eine Geschichte und einen Sinn zu entdecken. Dabei sind es wie im vorliegenden Fall der Genealogie bei Matthäus nicht nur die mangelnden Bibelkenntnisse, die uns versagen, die Geschichte dieser oder jener Person mit ihrem Namen unmittelbar zu verbinden, nein, der Erzählansatz an sich ist uns fern. Geschichtsüberlieferungen machen wir gerne an Daten fest. Wir haben gelernt, nicht nur die großen Epochen der Weltgeschichte in Jahrhunderte vor und nach Christus einzuordnen, sondern Geschichte an einem Gerüst von Einzeldaten festzumachen: Da sind die Kaiserkrönung Karls des Großen in Rom, die Kreuzzüge, die Entdeckung Amerikas durch Christoph Kolumbus, Luthers Thesen, der Westfälische Friede, die Französische Revolution, der Wiener Kongress, der Erste Weltkrieg etc. Ganz anders orientieren sich demgegenüber Geschichtsüberlieferungen, die von Jahreszahlen unabhängig tradiert werden. Hier bildet das genealogische Gerüst zwischen den Generationen den Anknüpfungspunkt. Die Abfolge der Zeit, den Geschichtsverlauf, erhält man durch die aufeinander folgenden Generationen nach dem Muster A zeugte B, auf B folgte C etc. Weitergehende Überlieferungen und Erzählungen kann man nun an der entsprechenden Stelle in dieses Gerüst einfügen, so dass nach einiger Zeit größere Erzählüberlieferungen vorliegen, die anscheinend nur noch durch kleinere genealogische Stücke unterbrochen werden. Später dann lässt sich ein so gewachsenes und umfangreich gewordenes Überlieferungswerk dann auch wieder auf genealogische Eckdaten reduzieren und konzentrieren, so dass die vielen Erzählungen, die sich um eine Person herum ranken oder auch sie als Anknüpfungspunkt gewählt haben, kurz und knapp mit dieser Person verbunden werden können.

Genealogien durchziehen in diesem Sinn die gesamte Überlieferung und strukturieren sie. Schon im Buch Genesis, wo sie besonders häufig und dicht begegnen, lässt sich erkennen, dass Genealogien nicht nur Füllmaterial oder überflüssiges Beiwerk in den Erzählungen sind, sondern verbindende Elemente, die den Bau der Erzählung zusammenhalten und ihm Form verleihen. So zeigen die Genealogien im Buch Genesis wie die zwölf Stämme Israels mit dem Ursprung, der in der Schöpfung liegt, verbunden sind. Die erste genealogische Notiz findet sich an markanter Position in Gen 2,4 als Überschrift zur Erzählung von der Erschaffung der Menschen und rekapituliert in der eigenwilligen Formulierung *„Dies ist die »Toledot« (Geschlechterfolge) von Himmel und Erde, als sie geschaffen wurden“* die Schöpfungserzählung von Gen 1. So aufgenommen wird durch die nachfolgenden Genealogien auch der Segen des Schöpfergottes in die Geschichte der Menschheit weitergegeben. Zuerst in einer lückenlosen Folge von Adam zu Jakob und seinen 12 Söhnen, dann in zwei Linien getrennt, deren eine in das (erbliche) Priestertum und deren andere im davidischen Königtum endet. Beide Linien finden sich später in messianischen Erwartungen wieder, wenn man beispielsweise in der Gemeinde von Qumran zur Zeit Jesu einen davidischen und einen priesterlichen Messias erwartet.

In der Bibel selbst findet die Verbindung zum Schöpfungssegen einen bleibenden Ausdruck darin, dass die Priester den Auftrag zum Segnen erhalten:

> „Der HERR sprach zu Mose: Sag zu Aaron und seinen Söhnen:
> So sollt ihr die Israeliten segnen; sprecht zu ihnen:
> Der HERR segne dich und behüte dich.
> Der HERR lasse sein Angesicht über dich leuchten und sei dir gnädig.
> Der HERR wende sein Angesicht dir zu und schenke dir Heil."
> (Num 6,22-26)

Und für die andere Linie wird die Verbindung zu den Genealogien der Genesis am Ende des Buches Rut, in dem der bleibende Segen Gottes erzählerisch tiefgründig entfaltet wird, in einer zu David führenden genealogischen Notiz hergestellt:

> „Das ist die »Toledot« (Geschlechterfolge) nach Perez: Perez zeugte Hezron, Hezron zeugte Ram, Ram zeugte Amminadab, mon zeugte Boas, Boas zeugte Obed, Obed zeugte zeugte Isai, und Isai zeugte David." (Rut 4,18-22)

Von hierher mag man erahnen, welch große Bedeutung die Genealogien der Bibel haben und was uns das erste Kapitel, das Christen so oft und anscheinend so gerne übergehen, zu sagen hat.

Der Evangelist Matthäus aber, wenn er uns die Geschichte von Abraham bis Josef – Jesus als genealogische Namenskette vorlegt, greift nicht einfach auf vorliegende genealogische Materialien zurück, sondern es gibt biblische Vorbilder, an die er seine Leser ganz bewusst durch diese genealogische *Vorgeschichte* erinnern will.

Der bibelkundige Leser des Matthäusevangeliums wird zweifellos bei dieser *Vorgeschichte* durch das genealogische Gerüst sofort an die Chronikbücher des Alten Testaments erinnert. Denn dieser Geschichtsaufriss, der eine Art Zusammenfassung und Abschluss der Hebräischen Bibel darstellt, in der die Chronik auch am Ende aller Bücher steht und nicht wie in der Christlichen Bibel zwischen den übrigen Geschichtsbüchern, diese Überlieferung der Chronik beginnt nun mit einer über viele Seiten gehenden Genealogie. Um zu verstehen, worauf Matthäus mit seiner genealogischen Eröffnung anspielt, müsste man eigentlich einmal die ersten zehn Kapitel des ersten Chronikbuches lesen und sich in ihre Besonderheit vertiefen. Ein kleines Beispiel aus diesen *Namensketten* mag den zugegebenermaßen nicht leichten Zugang zu diesen Listen ein wenig eröffnen.

„Das waren die Söhne Israels: Ruben, Simeon, Levi, Juda
Issachar, Sebulon, Dan, Josef, Benjamin, Naftali, Gad und Ascher.
Die Söhne Judas waren: Er, Onan und Schela. Diese drei wurden
ihm von der Tochter Schuas, der Kanaaniterin, geboren.
Aber Er, der Erstgeborene Judas, missfiel dem Herrn, und so
ließ ihn der Herr sterben. Judas Schwiegertochter Tamar
gebar Perez und Serach. Juda hatte insgesamt fünf Söhne.
Die Söhne des Perez waren Hezron und Hamul, und die Söhne Serachs:
Simri, Etan, Heman, Kalkol und Darda, insgesamt fünf.
Der Sohn Simris war Karmi, und der Sohn Karmis Achan.
Dieser brachte Unglück über Israel, da er sich an der geweihten
Beute vergriff. Der Sohn Etans war Asarja." (1 Chr 2,1-8)

Der vorliegende Abschnitt aus der großen Genealogie der Chronik zeigt gleich zu Anfang einige Besonderheiten. So ist der Stamm Juda herausgenommen und an den Anfang gestellt, obwohl er in der Reihenfolge erst an vierter Stelle kommt (1 Chr 2,1). Fragt man als Leser genau nach dem, was in diesen wenigen Versen zusammengefasst ist, so stellt man schnell fest, dass hier unterschiedliche Erzählzusammenhänge aus den sogenannten Patriarchenüberlieferungen des Buches Genesis zusammengestellt sind. Ein deutlicher Akzent wird schon dadurch gesetzt, dass die Reihenfolge der Söhne Judas sodann unterbrochen wird. Nach dem Hinweis auf den Tod von Er folgen sogleich die von Tamar, der Schwiegertochter geborenen Söhne Perez und Serach vor bzw. anstelle von Onan und Schela, was nur dem verständlich wird, der die entsprechende Geschichte von Tamar aus Gen 38 kennt. Hier wie in der gesamten *genealogischen Vorgeschichte* werden bibelkundige Leser vorausgesetzt, die nicht nur die hier fast nur durch Namen eingebrachten Geschichten kennen, sondern besonders aufmerksam Sinn und Ziel der spezifischen genealogischen Strukturen und Anordnungen wahrnehmen.

Wer sind wir?

Tut man dies einmal, erschließen sich die Listen von Namen um Namen als theologisch reiche Programmschrift. Die Überlieferung der Chronik umspannt insgesamt einen Erzählbogen vom Anfang der Menschheitsgeschichte bis hin zum Neuanfang des Volkes Israel nach dem babylonischen Exil. Die genealogische „Vorhalle" der Chronik, wie man diese Kapitel gelegentlich gerne nennt, stellt nicht nur im Zeitraffer große Epochen der Geschichte zusammen, sondern bringt die Geschichte theologisch schon auf den Punkt des Interesses, in dem alle Angaben auf das Zentrum einer Erwählungstheologie konzentriert werden. Israel wird hier dargestellt als Mitte unter den Völkern, unter den Stämmen Israels wird wiederum als Mitte David und seine Dynastie dargestellt, die Stämme werden mit ihren Gebieten so charakterisiert, dass Jerusalem wiederum als Mitte von dieser Perspektive her erscheint und innerhalb Jerusalems der Tempel wiederum als erwählter Wohnort Gottes mit dem eigens erwähnten Kultpersonal steht. Hier geht es um Selbstfindung, Selbstverständnis, ja, Identität Israels. Wer und was Israel als Volk Gottes, als auserwähltes Volk, ist, und wie der sich versteht, der in dieses Volk hineingeboren wird, darauf geben die langen genealogischen Listen der Chronik eine Antwort.
Diese Selbstfindung Israels als Gottesvolk, die für den Neuanfang des Volkes nach dem Exil so wichtig war, bildet die Grundlage für das Gesamtverständnis des Matthäusevangeliums – und durch seine Anfangstellung im Neuen Testament für dieses im Ganzen.

Die Geschichte Jesu Christi und damit die Geschichte des Christentums beginnt nicht mit Weihnachten, sondern ist Teil der Erwählungsgeschichte Israels und beginnt deshalb literarisch oder vielleicht besser buchtechnisch gesprochen mit der Bibel Israels, dem späteren Alten Testament. Gerade die literarische Form der Genealogie, die Matthäus wählt, um seinen Lesern vor Augen zu führen, wo ihr eigener Ursprung, ihre Identität, herkommt und zu finden ist, macht darüber hinaus deutlich, dass Matthäus schriftkundige Leser voraussetzt. Fast wie eine kleine Prüfung in Bibelkunde wirkt die Genealogie auf uns Leser, so als wolle sie uns ermahnen: Erinnert euch an das alles, denn das müsst ihr kennen, um alles weitere von dieser Geschichte Jesu Christi, die nun erzählt wird, zu verstehen.

In der Erfüllung bleibt die Verheißung

Weihnachten – nicht nur durch das allseits bekannte Lied für viele Menschen der Inbegriff des „Alle Jahre wieder". Feiern wir Christen an und mit Weihnachten nicht auch die ewige Wiederkehr? Lässt sich aber ein einmaliges und einzigartiges geschichtliches Ereignis „wiederholen"? Wir erleben das Phänomen der Zeit durch Veränderungen, aber zugleich auch durch den Kreislauf der Natur, der auf Wiederkehr zu basieren scheint.

Der Zeit, die ganz einfach – unaufhaltsam – abzulaufen scheint, möchten wir etwas entgegensetzen, um dem ewig Gleichen zu entgehen. All unsere Hoffnungen und Erwartungen, die großen und die kleinen, zielen letztendlich darauf ab, dass im Lauf der Zeit Veränderung geschieht. Wir leben doch geradezu davon, dass der Zeitlauf für und mit uns immer anders und neu gefüllt wird.

Und genau an diesen Lebensnerv rührt ein Wort aus dem Propheten Jeremia, das in besonderer Weise zur Aufmerksamkeit für die kommende Zeit aufruft: *„Seht, Tage kommen, Spruch des Herrn"* (Jer 33,14). Bei der sich ganz von selbst daraus ergebenden Frage, was das Besondere dieser Tage, die der Prophet ankündigt, sein wird, womit eben diese Zeit gefüllt werden wird, verweist der Text ganz einfach auf ein früheres Heilswort, das Gott zu Israel gesprochen hat: *„Da erfülle ich das Heilswort, das ich über das Haus Israel und über das Haus Juda gesprochen habe"* (Jer 33,14). Als Leser des Jeremia-Buches ist nicht schwer herauszufinden, worauf sich das Prophetenwort hier bezieht, denn kurz vor dem so eingeleiteten Abschnitt findet sich im Buch Jeremia ein großes Textstück, das man gerne das Trostbuch nennt, weil es von Veränderungen spricht, die Gott dem ewig Gleichen für Israel entgegensetzt. Mehrere Strophen dieses Trostbuches beginnen mit der Einleitung: *„Seht, Tage kommen, Spruch des Herrn"* (Jer 30,3; 31,27.31). Die Veränderung, die Gott seinem Volk, das im babylonischen Exil lebt, ankündigt, wenn er davon spricht, dass er das Geschick seines Volkes wenden will, besteht aber nicht im absolut Neuen, im niemals Dagewesenen, sondern im Wirksam-Werden dessen, was Gott immer schon zugesagt hat, seit Abrahams Zeiten: im Gelobten Land zu leben, ein großes Volk zu werden und mit Gott verbunden zu sein.

Weil Gott die Schuld verzeiht und an die Sünde nicht mehr denkt, kann das Trostbuch einen neuen Bund Gottes mit Israel ankündigen. Auch dieser Bund selbst ist nicht neu und ist kein anderer als der bisherige, aber Gott gibt ihn auf andere Weise, damit die Menschen ihn nicht mehr brechen können. Er gibt ihn in einer neuen Unmittelbarkeit, er will seine Tora, die Weisung, in sie hineinlegen und auf ihr Herz schreiben (Jer 31,31-34).

Das bedeutet eben nicht, dass Gott immer wieder andere und neue Bünde schließen würde, mal mit Noah, mal mit Abraham, mal mit Mose ... Nein, Gott ist treu, aber er ist bereit, seinen Bund den Menschen und ihren Möglichkeiten anzupassen, nur deshalb gestaltet er seine eine und einzige und immer fortbestehende Verbindung neu und anders. Genau an diese Treue erinnert das Buch Jeremia in eindringlicher Weise. Liest man nach dem eben zitierten Aufruf „Seht, Tage werden kommen“ weiter, dann hört man, wie fest Gott zu seinem Bund steht. Dort wählt der Text gerade die Zeit in ihrer unveränderlichen Beständigkeit zum Bild für diese Treue Gottes.

> „Wenn man meinen Bund mit dem Tag und meinen Bund mit der Nacht brechen könnte, so dass Tag und Nacht nicht mehr aufeinander folgen würden, dann könnte auch mein Bund mit meinem Knecht David gebrochen werden“ (Jer 33,20-21).

Wo ist aber Gott einen Bund mit dem Tag und einen Bund mit der Nacht eingegangen? Die Frage, die man sich bei der seltsam anmutenden Formulierung stellt, wird durch einen Verweis zum allerersten Bund, der in der Bibel erwähnt wird, beantwortet. Es ist der Bund, den Gott mit Noah schließt nach der Sintflut. Als Zeichen seines ewigen Bundes stellt Gott seinen Bogen in die Wolken, nachdem er versprochen hat, dass Tag und Nacht nicht mehr aufhören sollen. So fest und unumstößlich wie die Zeit, vor der es ja auch kein Entrinnen gibt, sind Gottes Verheißungen!

Gerade vom eben genannten Gedanken des Jeremia-Buches her, der Vorstellung des Neuen Bundes, haben wir Christen allzu oft das Missvertändnis hervorgebracht, dass Gottes Zuspruch zum Menschen dem Veränderlichen, das den Gleichlauf der Zeit ausfüllt, unterworfen sei. Gott habe eben mal einen Bund mit Israel geschlossen, dann aber einen neuen und anderen mit uns Christen. Gott habe durch seine Propheten etwas verkündigt, das sich dann aber eben in Jesus erfüllt habe. Und gerade in der Advents- und Weihnachtszeit denken wir allzu oft und allzu schnell in diesen Kategorien unserer Menschenzeit, dass Gottes Verheißungen eben auch einmal zu einem Ende, zu einer Erfüllung, wie wir sagen, kommen müssen. Wenn wir Christen davon reden, was sich in Jesus erfüllt hat, von dem, was im Alten Testament verheißen ist, dann klingt das oft ein wenig wie der Wetterbericht vom Vortag. Das, was angesagt wurde, ist eingetroffen oder auch nicht, aber in jedem Fall hat sich die Ansage erledigt, sie ist überholt, sie hat sich erfüllt oder nicht erfüllt.

Dass das biblische Verständnis von Erfüllung und eben auch von Verheißung ein ganz anderes ist, zeigt der schon zitierte Jeremia-Text, der im Wortlaut der Einheitsübersetzung davon spricht, dass Gott das über Israel und Juda gesprochene Wort „erfülle". Für das, was mit „erfüllen" hier übersetzt ist, steht im hebräischen Grundtext aber das Verb „aufstellen, aufrichten", und einige jüdische Übersetzer übersetzen deshalb bewusst – wohl wegen des christlichen Missverständnisses – sehr wörtlich, so z.B. Martin Buber: „Erstehen lasse ich dann jene gute Rede, die ich geredet habe", oder Leopold Zunz: „Und ich werde aufrechthalten die gute Verheißung, die ich zugesagt".

Verheißungen sind also nicht erledigt, wenn sie sich erfüllen, sondern sie bewahrheiten sich als Verheißungen, werden *aufrechterhalten* als Verheißungen, ja, sie treten hervor, stehen auf und können so in ihrem *Stellenwert* erkannt werden.Wir Christen glauben doch auch nicht, dass die Verheißung des Messias aus der Bibel Israels und das Warten auf den Erlöser sich in Jesus von Nazaret und seiner Geburt, der wir an Weihnachten gedenken, in der Weise erfüllt hat, dass die messianische Hoffnung der Bibel erledigt sei und unsere Erlösung vollendet.

Gerade unter diesem Gesichtspunkt ist es lohnend und hilfreich, sich die oft als „Erfüllungszitate" bezeichneten Verweise auf die Bibel Israels im Neuen Testament genauer anzuschauen. An den fünf expliziten Rückverweisen, die die „Weihnachtsgeschichte" des Matthäusevangeliums enthält, wird hier gezeigt, wie im frühen Christentum die Verbindung zwischen der Christusverkündigung und der Bibel Israels verstanden wurde. Wer die Weihnachtsbotschaft – und von ihr her die Botschaft Jesu – verstehen will, der kommt nicht daran vorbei, die Bibel Israels als bleibend gültige Verheißung zu lesen, denn wenn sie bei uns Wirklichkeit wird, ist die Schrift erfüllt. Seit Jesu Geburt ist unsere Zeit mit Gottes Verheißungen erfüllt, die unser Altes Testament, die Bibel Israels, in so reichem Maße enthält.

Das Fest unserer Erlösung

„Der du Gott der Frömmigkeit der Väter gedenkst und einen Erlöser bringst ihren Kindeskindern um deines Namens willen in Liebe."

Das klingt ein wenig wie ein Gebetstext aus einer Weihnachtsliturgie. So als würde man die Eröffnung des Evangeliums nach Matthäus, den sogenannten „Stammbaum Jesu", „das Buch der Abstammung Jesu Christi, des Sohnes Davids, des Sohnes Abrahams" (Mt 1,1) als Grundgedanken eines Gebetsrufes umformulieren. Doch der zitierte Vers stammt nicht aus einer Weihnachtsliturgie, sondern aus der Eröffnung der jüdischen Liturgie zum Versöhnungstag, dem Jom Kippur. Zwischen diesem höchsten jüdischen Festtag und dem christlichen Weihnachtsfest findet sich, wie der oben zitierte Vers andeutet, eine enge Verbindung, die unter theologischem Gesichtspunkt viel tiefer ist als die so oft hervorgehobene zwischen dem jüdischen Chanukkafest und Weihnachten. Die Lichtsymbolik des Chanukkafestes, das in Erinnerung an die Tempeleinweihung im zweiten Jahrhundert v. Chr. gefeiert wird, stellt eine sinnfällige Verbindung zu Weihnachten dar. Doch das jeden Tag hinzukommende Licht des an acht Tagen im Winter begangenen Chanukkafestes steht der Lichtsymbolik unserer Adventzeit eigentlich näher als unserem Weihnachtsfest.

Fest unserer Erlösung – Versöhnungstag

Im Zentrum des jüdischen Versöhnungstages steht die Versöhnung mit Gott. Das Fest verkündet im Anschluss Lev 16 den Gedanken von der Vergebungsbereitschaft Gottes. Dieser Grundgedanke findet sich auch mehrfach in den christlichen Weihnachtsliturgien, nicht nur dort, wo Weihnachten als „Fest unserer Erlösung" bezeichnet wird, sondern schon im Halleluja vor dem Evangelium am Heiligen Abend heißt es: „Morgen wird ausgelöscht die Sünde der Welt, und herrschen wir über uns der Heiland der Welt." Wie ein Text des Versöhnungstages hört sich auch das Gabengebet vom Weihnachtstag an, wenn es dort heißt, dass Gott uns Versöhnung schenken will und uns wieder mit sich verbindet, so wie die jüdische Liturgie durch die acht Bußtage, die dem Versöhnungstag vorausgehen, auch großen Wert darauf legt, dass die Versöhnung zwischen Gott und Mensch nicht getrennt werden kann von der Versöhnung der Menschen untereinander. In der Mischna heißt es dazu: „Sünden zwischen Mensch und Gott sühnt der Versöhnungstag; Sünden zwischen dem Menschen und seinem Nächsten sühnt der Versöhnungstag erst, wenn einer seinen Nächsten besänftigt hat." Bekäme nicht auch unsere an Weihnachten in Geschenken oft so reichlich weitergegebene Weihnachtsfreude, die Ausdruck des in der Menschwerdung empfangenen Geschenkes der Erlösung sind, einen tieferen Sinn, wenn wir sie mit dem Versöhnungsgedanken, der ja auch dem Weihnachtsfest eigen ist, verbinden würden? Ein so bewusst gemachtes Weihnachtsgeschenk kann nur gegeben werden, wenn es als Ausdruck der Versöhnung mit Gott die Versöhnung und Verbindung untereinander widerspiegelt.

Erinnerung verbindet

Noch tief lassen sich die geistlichen und theologischen Bezüge zwischen Versöhnungstag und Weihnachten ausloten. Für unser Verständnis von Weihnachten ist der Blick auf die Hoffnung besonders wichtig. Der Glaube Israels, wie er in den großen Gestalten der Bibel festgehalten ist, bildet den Kern der Hoffnung auch und gerade im jüdischen Versöhnungstag, wie der eingangs zitierte Gebetstext zeigt. Erinnerung ist das Schlüsselwort zu diesem Hoffnungspotential. Zuerst wird Gott selbst an den Glauben Israels erinnert – „der du der Frömmigkeit der Väter gedenkst" – dann erinnert die Gemeinde und jeder einzelne sich der Geschichte Gottes mit seinem Volk. Israel, so sagt man mit Recht, ist das Volk der Erinnerung. Erinnerung verbindet, Erinnerung schafft Identität, Selbstbewusstsein, ein Bewusstsein, ja ein Wissen darum, wer man ist, woher man kommt, was man ist und wozu man ist. Wer weiß, wohin er gehört, woher er kommt, weiß auch, wohin er gehen muss.

Wer nicht mehr erinnert, wer vergessen will, entwurzelt sich selbst. Wer aber vergisst, tut nicht nur sich selbst etwas an, sondern auch denjenigen, die er vergisst, die er nicht mehr erinnern will. Ein jüdisches Wort sagt dies ganz hart, aber auch klar und deutlich: „Verweigerte Erinnerung ist Mord!"

Verweigerte Erinnerung ist Mord. Dagegen steht nur die natürlichste und beste Erinnerung eines Menschen, die im Weiterleben in seinen eigenen Kindern geschieht.

Im Laufe seiner Geschichte hat das jüdische Volk allzu oft erkennen und lernen müssen, dass diese natürlichste Art der Erinnerung eines Menschen, seines Weiterlebens, verunmöglicht wird. Gemordet, vertrieben, zerstreut. Das sind nur die äußeren Zeichen der inneren Verletzung und Gefährdung.

Nach dem babylonischen Exil erlebte die jüdische Gemeinde schon, dass nicht allen eine solch natürliche Verbindung über Eltern und Kinder als Einbindung in die Gemeinschaft des Glaubens möglich war. Da kommen Neue, die Juden werden wollen, aber keine genealogischen Wurzeln in der jüdischen Gemeinde haben, derer sie sich erinnern können. Da sind Kinderlose, die fürchten müssen, dass sie in Vergessenheit geraten, weil sich nach ihrem Tod niemand mehr ihrer erinnert. Ein Text aus dieser Zeit, der sich im dritten Teil des Jesajabuches findet, drückt deutlich aus, um welche Schwierigkeit es geht und was Gott dazu zu sagen hat:

> „Nicht soll der Fremde, der am HERRN hängt, sagen:
> Bestimmt wird der HERR mich von meinem Volk trennen.
> Und auch der Eunuch soll nicht sagen:
> Ach, ich bin ja nur ein dürrer Baum.
> Denn so spricht der HERR:
> Den Eunuchen, die meine Sabbate bewahren und die zu
> tun wählen, woran ich Gefallen habe, und die sich ganz
> und gar an meinen Bund halten, ihnen werde ich in meinem
> Haus und in meinen Mauern ein »Denkmal« errichten,
> das besser ist als Söhne und Töchter.
> Einen ewigen Namen werde ich jedem geben, einen,
> der nicht mehr ausgelöscht werden kann.“ (Jes 56,3-5)

Denen also, die um ihre eigene Erinnerung bangen müssen und damit um ihre Einbindung ins Volk Gottes, denen verheißt Gott selbst ein Erinnerungszeichen, er will ihnen ein „Denkmal“ errichten, wörtlich heißt es im Text, er will ihnen „Hand und Namen geben“ oder wie der jüdische Religionsphilosoph Martin Buber das bekannte Yad VaSchem übersetzt: „ein Handzeichen, ein Namensmal“.

Die Liebe zur Tora und zu Gott wird diese Menschen in den ewigen Bund Gottes mit Israel einschreiben, dessen Gott sich selbst erinnert und dessen immer dort erinnert wird, wo Volk Gottes lebt und sich seiner Geschichte und seines Ursprungs erinnert.

Ein Gott, der befreit

Der Evangelist Matthäus, der das gesamte Neue Testament eröffnet und der mit seiner Botschaft sich gerade an solche wendet, die wie die Fremden des Jesajatextes, „am Herrn hängen", d.h. sich Israel angeschlossen haben, dieser Matthäus erinnert die Hörer und Leser seines Evangeliums sogleich an den Ursprung. Er beginnt sein Evangelium mit einer Genealogie Jesu. Die Väter und Mütter Israels schreibt er den Christen zur bleibenden Erinnerung in ihren Stammbaum. So bestimmt er die Identität der Christen, indem er erinnernd ihre Verbin-dung zum Volk Israel, dem Gottesvolk, herstellt, weil Jesus der Chris-tus, ein Sohn Davids, des Sohnes Abrahams ist. Doch damit nicht genug. Zwei kleine Geschichten, Episoden oder auch nur Motive gebraucht er, um die Christen, die sein Evangelium hören oder lesen, gleich zu Anfang in die Erinnerungsgemeinschaft Israels hineinzu nehmen.

Weil Herodes von der Geburt des Gesalbten Israels, des Messias, erfahren hatte, mussten die Eltern mit dem Neugeborenen fliehen, wurden mit ihm und seinetwegen herausgerissen, verbindungslos, schließlich heimatlos. Doch diese Flucht hat in der Geschichte des Matthäus ein Ziel, „damit das erfüllt werde, was vom HERRN durch den Propheten gesagt wurde: Aus Ägypten habe ich meinen Sohn gerufen." (Mt 2,15)

Dieser letzte Satz, das Prophetenwort, stammt aus dem Buch Hosea und leitet dort einen der zentralen Texte des ganzen Buches ein. Das Kapitel Hos 11 spricht von Gericht und Liebe. Es stellt dar, wie konsequent und gerecht, ja notwendig Gericht auf Israels abtrünniges Verhalten folgen muss. Doch am Ende des Abschnitts kippt Gottes Zornesgericht geradezu um, und seine Liebe zu Israel gewinnt Oberhand. „Wie könnte ich dich aufgeben, Ephraim, wie dich ausliefern, Israel?" (Hos 11,8) Es ist die ungebändigte Liebe und Barmherzigkeit Gottes, die aller menschlichen Logik widerspricht, die das Gott-Sein Gottes vor Augen führt. Dieses menschlich unvorstellbare Übermaß an göttlicher Barmherzigkeit hat zahlreiche und zentrale alttestamentliche Glaubensvorstellungen geprägt und ist auch in der Verkündigung Jesu allgegenwärtig. In Hos 11 wird dieser Gedanke von der Barmherzigkeit Gottes eingeleitet durch den Rückblick auf die Anfänge der Liebesbeziehung Gottes zu Israel. „Als Israel jung war, da liebte ich ihn, aus Ägypten rief ich meinen Sohn." (Hos 11,1) Hier wird also die Befreiungstat des Exodus sozusagen als erste Liebestat, als Zeichen des „verliebten Gottes" vorgestellt. Exoduserinnerung, die sehend machen soll für die Liebe Gottes, der von Israel nicht lassen kann. Wer in Israel von Ägypten und Exodus spricht und dies erinnert, der lebt aus der Hoffnung auf die unendliche Liebe Gottes. Auch nach den Tagen Hoseas, in den Zeiten des babylonischen Exils wurde die Erinnerung an den Exodus immer wieder wach und laut. Und auch der Evangelist Matthäus zeigt, wie lebendig in Israel diese Erinnerung und Hoffnung ist, dass Gott wiederum befreiend eingreift und die Verstreuten Israels sammelt.

Für Matthäus ist dies, wie die Knospe im Frühling, bei Jesus schon von Anfang an – bei der Geburt – zu erkennen. Die kleine Geschichte von der Flucht nach Ägypten stellt das Evangelium von Anfang an unter das Vorzeichen des Hoffungspotentials der Exodustheologie.

Ein neuer Bund?

Als zweites Motiv führt Matthäus sodann die lebenden Zeitgenossen Jesu vor Augen, sozusagen seine Brüder im Volk, die Kinder von Betlehem. Sie, die den Namen Gottes und den Namen Israels weitertragen und die Erinnerung wach halten könnten, werden dahingemordet, weil da einer ist, der nicht will, dass es eine Hoffnung im Volk Israel gibt, dass Erinnerung an Gott, den Befreier, Erlöser und König Israels, lebendig bleibt.

Kinder müssen sterben, damit sie keine Kinder mehr bekommen können, denen sie vom Warten auf den Messias Israels künden könnten. Auch Hitler wollte wie Herodes nicht nur die Juden auslöschen, sondern die Erinnerung an das, was sie der Welt künden und zeugen.

Matthäus deutet dieses Geschehen in einer Weise, die auf den ersten Blick grausam wirkt, denn wie an vielen anderen Stellen bringt er hier ein „Erfüllungszitat", so als sei das, was hier berichtet wird, Teil des Heilsplanes Gottes. Aber vielleicht kann ein tieferer Blick auf dieses „Zitat" auch etwas

Licht auf den Sinn der sogenannten Erfüllungszitate werfen. Mit dem Hinweis, dass sich erfüllte, was durch den Propheten Jeremia gesagt worden ist, führt Matthäus Folgendes ein:

> „Eine Stimme ist in Rama zu hören, Weinen und Klagen.
> Rahel weint um ihre Söhne, sie kann sich nicht trösten lassen
> wegen ihrer Söhne, denn sie sind nicht mehr!" (Jer 31,15)

Hier ist ganz deutlich, dass Matthäus nicht davon ausgeht, dass prophetisch vorhergesagt ist, was im Kindermord von Betlehem sich dann „erfüllte". Vielmehr geht Matthäus davon aus, dass das Zitat seinen Lesern und Hörern als Stichwort dient, weil sie wissen, woher es stammt, und den größeren Zusammenhang dieses Zitates zum Verständnis seiner Geschichte vom Kindermord in Betlehem heranziehen, ja einspielen können.

Das Wort stammt aus dem sogenannten Trostbüchlein des Propheten Jeremia, das Trost und Hoffnung den Exilierten in der Verheißung von Israels Wiederherstellung gibt. Diese gesamte Verheißung ist in drei Abschnitte untergliedert, die immer mit dem Hinweis eingeführt werden „Seht, es werden Tage kommen – Spruch des Herrn" (Jer 30,3; 31,27.31). Dieser Einleitung folgend wird in der ersten Strophe die schon an die Väter Israels ergangene Verheißung des Landbesitzes dadurch erneuert, dass Gott spricht, er werde das Geschick Israels wenden und das Volk ins Land zurückführen. Die zweite Strophe nimmt im Bild von der großen Saat, die Gott aussät, die auch aus den Väterverheißungen bekannte Mehrungsverheißung, dass Israel ein großes Volk werden wird, auf. Der Höhepunkt ist schließlich in der dritten Strophe zu finden, wo der Bund Gottes mit Israel angesprochen wird und in der Verheißung eines „neuen Bundes" gipfelt. Dieser neue Bund, den Jer 31,31 verheißt, ist kein neuer im Sinne eines anderen Bundes gegenüber einem „alten", sondern Gott gibt seinen einen und einzigen Bund Israel nur auf neue Weise. Damit Israel diesen Bund nicht mehr brechen kann, wird er in einer neuen Unmittelbarkeit gegeben. Die Tora wird ins Herz geschrieben. Wenn Gottes Weisung so im Innersten des Menschen ist, dann kann der zu tun wählen, woran Gott Gefallen hat, wie es der weiter oben zitierte Text aus Jes 56 formulierte. Grundlage dieser Verheißungen von Land, Nachkommenschaft und Neuem Bund ist aber das ganz am Ende Genannte: „Denn ich verzeihe ihnen die Schuld, an ihre Sünde denke ich nicht mehr" (Jer 31,34.)

Es ist für Matthäus in dieser kleinen Geschichte ganz zu Anfang seines Evangeliums also der Hinweis auf den Neuen Bund, der über das Zitat angespielt wird, wichtig. In der Erinnerung an die untröstliche Rachel, an die Leidensgeschichte des Volkes, das Gott aber trösten und befreien will, gründet seine Botschaft. Durch die beiden Geschichten stellt Matthäus an den Anfang seines Evangeliums die ihm wichtigen Aussagen über Gott: In diesem Jesus zeigt sich der befreiende und erwählende Gott ebenso wie der verzeihende und Sünden vergebende; er ist es, der in diesem Jesus seinen Neuen Bund anbrechen lässt.

Als Jude Mensch geworden

Matthäus führt uns tief an das Verständnis des Neuen Bundes heran, wenn er den versöhnenden und verzeihenden Gott über das Weinen Rahels erinnert. Die Kinder von Betlehem konnten nicht fortleben, konnten ihren Namen nicht Kindern und Kindeskindern zur Erinnerung geben. Die Kinder von Betlehem brauchen ein Erinnerungszeichen, Yad VaSchem, das Matthäus ihnen gibt, um die Christen aller Zeiten am Anfang der Frohbotschaft vom Neuen Bund an ihren Anfang und Ursprung im Volk Israel zu erinnern. Wäre der Holocaust, die Schoa, die Katastrophe des Menschlichen schlechthin, möglich gewesen, wenn wir Christen jedes Jahr an Weihnachten daran gedacht hätten, dass Gott nicht nur Mensch wurde, sondern als Jude Mensch wurde? Wenn wir die Weihnachtsbotschaft des Matthäus ernst genommen hätten, in der Weise, wie sie uns Christen in Israel verwurzelt, hätten wir dann Auschwitz nicht als „Attentat auf alles, was auch Christen hätte heilig sein müssen" (Johann Baptist Metz) erkennen und erleben müssen? Hätte es die Schoa in unserem Land gegeben, wenn wir den Kindern von Betlehem Yad VaSchem gegeben hätten? Gehört nicht angesichts dessen der immer wiederkehrende Gebetsruf aus der jüdischen Liturgie des Versöhnungstages auch in das „Fest unserer Erlösung", in die Feier der Heiligen Nacht, mit hinein: „Oh Gott, verzeih uns, vergib uns, sühne uns!"

Angekommen im Jahre 3760

In Deutschland und in deutscher Sprache erschienene Bücher, die als Erscheinungsdatum eine Jahreszahl über 5000 angeben …? Nein, das ist keine Science-Fiction-Vision und auch kein Druckfehler, sondern ein durch die nationalsozialistische Schreckensherrschaft beendeter Teil unserer Kultur. Früher war es zumindest mehr Menschen allein durch solche Angaben in Büchern bewusst, dass ihre jüdischen Mitbürger eine andere Zeitrechnung zugrunde legten. Während die uns vertrauten Zeitangaben eigentlich immer präzisiert werden müssen durch ein vor oder nach Christus, braucht die jüdische Zeitrechnung dies nicht. Ihre Zeitangabe versteht sich von einer nachgerechneten biblischen Chronologie – seit Erschaffung der Welt – her. Dieser Rechnung zufolge befinden wir uns im Advent 2006 im Jahre 5767. Natürlich hat niemand bei der Erschaffung der Welt einen Kalender begonnen, dem dann jedes vergangene Jahr aufaddiert werden könnte. Und ebenso wenig ist irgend jemand auf die Idee gekommen, unmittelbar mit der Geburt Jesu eine neue Zeitrechnung beginnen zu lassen.

Erst im dritten Jahrhundert unserer Zeitrechnung entwarf man erstmals eine mit der Geburt Jesu Christi beginnende Chronologie. Der vielgereiste, aus Jerusalem stammende Christ Sextus Julius Africanus entwickelte sie, nachdem er in einem groß angelegten Werk, seiner Chronographie, allgemeine Geschichtsdaten und biblische Ereignisse miteinander verbunden hatte. Doch warum, so fragt man sich, musste denn überhaupt eine neue Zeitrechnung her. War die vorhandene nicht ausreichend oder nicht präzise genug?

Wer seine Jahre *nach Christi Geburt* angibt, lässt erkennen, woran er sich orientiert und unter wessen Herrschaft er steht; denn in der Antike war es in bezug auf die Zeitrechnung üblich, sich an den Regierungsjahren der Herrscher zu orientierten. Dies führte unweigerlich dazu, dass mit jeder Zeitangabe auch eine Zugehörigkeit zu einer Nation oder einem Herrschaftsbereich mitgeteilt wurde. Wenn man genau hinhört, muss man also in unserer so selbstverständlich gewordenen Zeitangabe „nach Christus" ein Bekenntnis zu diesem Jesus, dem Christus, mithören. Doch anders als die Zählung nach Regierungszeiten beschränkt sich die christliche Zeitrechnung nicht auf das Leben und Wirken Jesu, sondern nimmt ihn nur als Anfangspunkt, um von dort aus alle Zeit bestimmen zu können.

Von Anfang an

Dieser Gedanke einer zusammenhängenden Zeitrechnung stammt aus der jüdischen Überlieferung, die eben versucht hat, aus den biblischen Angaben eine Zeitrechnung der gesamten Welt- und Menschheitsgeschichte zu erheben. Um zu verstehen, warum das Christentum seine eigene mit Jesus Christus beginnende Zeitrechnung konzipiert und nicht bei der mit der Erschaffung der Welt beginnenden jüdischen bleibt, muss man den Blick zurückwenden und ganz bis an den Beginn gehen, dorthin, wo die jüdische Zeitrechnung ihren Anfang nimmt, nämlich auf der ersten Seite der Bibel, in der sogenannten Schöpfungserzählung.

> „Als Anfang schuf Gott den Himmel und die Erde. Die Erde aber war wüst und leer. Und Finsternis lag über der Urflut. Der Geist Gottes aber schwebte über den Wassern. Und dann sprach Gott: Es werde Licht. Und da ward Licht. Und dann sah Gott das Licht, das gut ist! Und daraufhin schied Gott zwischen dem Licht und zwischen der Finsternis. Dann nannte Gott das Licht Tag, und die Finsternis nannte er Nacht. Und dann wurde es Abend und dann wurde es Morgen, ein Tag. (...) Und dann vollendete Gott am siebten Tag sein Werk, das er gemacht hatte. Und er ruhte am siebten Tag von all' seinem Werk, das er gemacht hatte. Und Gott segnete den siebten Tag und heiligte ihn, denn an ihm ruhte er von seinem Werk, das er geschaffen hatte indem er es so machte“ (Gen 1,1-5; 2,2-3)

Gott setzt einen Anfang. Der erste Satz dieses Textes lässt keinen Zweifel daran, dass sein Verfasser Gott als den universalen Schöpfer denkt. Gleichwohl beginnt er seine Betrachtung zu diesem Anfang nicht dort, wo spätere philosophische und theologische Traditionen solche Gedanken festzumachen suchten, bei der Erschaffung aus dem Nichts. Nein, der biblische Schriftsteller sieht die Schöpfung nicht als gigantisches Wunder, bei dem Gott die materielle Welt aus dem Nichts im wahrsten Sinne des Wortes hervorzaubert. Die moderne Frage nach dem Ursprung der Materie interessiert den biblischen Autor allem Anschein nach weniger; für ihn liegt das Wunder der Schöpfung vielmehr in einer Ordnung, einer Eigengesetzlichkeit, die in der Natur zu beobachten ist, obwohl und gerade weil Gott sie in unendlicher Vorzeit so und nicht anders gewollt hat. Um die Ordnung der Schöpfung, die Gesetzmäßigkeit der Natur, in den Blick zu bekommen, beginnt der Verfasser ganz einfach mit dem Gegenteil, dem Chaos, dem Tohuwabohu, wie es im Hebräischen wörtlich heißt. Gleichwohl ist Un-Ordnung hier nicht so zu denken, dass einfach alles herumliegen würde und Gott lediglich aufzuräumen hätte. Nein, Gott lässt entstehen und bringt hervor. Zuallererst das Licht, wie es zu Anfang kurz und fast lapidar heißt.

Die Geburt der Zeit

Doch worum geht es eigentlich an diesem ersten Tag? Nur um hell und dunkel? Wohl kaum, denn Gott lässt nur das Licht entstehen, während die Finsternis vorgegeben ist und für den Urzustand steht. Aber es ist nicht das Licht, das das Leben auf der Welt bestimmt: die Sonne. Sie wird zusammen mit dem Mond und den Sternen in der Perspektive dieser Geschichte erst später geschaffen (vgl. Gen 1,14-19). An der Benennung durch Tag und Nacht erkennt man vielmehr, dass die Erschaffung des Lichtes auf etwas anderes hin abzielt, nämlich auf den Wechsel von Tag und Nacht. Dieser Wechsel von Tag und Nacht bestimmt den Zeitlauf auf der Welt, wie die abschließende Formel beim ersten Tag zeigt, die dann entsprechend an den folgenden sechs Tagen dieser Geschichte wiederkehrt.

Als Anfang von allem, so muss man wohl sagen, erschafft Gott nach der ersten Schöpfungserzählung die Zeit. Die Zeit läuft unaufhörlich, bestimmt unser ganzes Leben zwischen Werden und Vergehen. Wir sind ihr geradezu ausgesetzt, unentrinnbar in den Lauf der Zeit hineingesetzt, ohne dass wir sie beeinflussen könnten. Doch der biblische Erzähler bleibt nicht bei dieser allgemeinen Aussage zur Zeit als Grundkategorie von Welt und Mensch stehen, sondern bringt in seine *Schöpfungsordnung* eine noch weitergehende Konzeption hinein, die geradezu provoziert, weil sie eigentlich *unnatürlich* ist, hier aber als Teil der Schöpfungsordnung dargestellt wird. Es handelt sich um die Zeiteinteilung der Sieben-Tage-Woche.

Der Rhythmus der Zeit

Diese Sieben-Tage-Woche, die nach dem Grundmuster „Sechs plus Eins" gestaltet ist, hat ihren Ursprung in Israel. Sie geht mit keiner natürlichen Ordnung überein. Während das Jahr als Zeiteinteilung sich am Lauf der Sonne orientiert und somit von der Natur abgelesen werden kann, und der Monat, der sich aus der natürlichen Folge der Mondphasen ergibt, ebenso natürlich ist, stellt demgegenüber die Woche, wie wir sie kennen, eine willkürliche Setzung dar. Letztendlich ist sie das Produkt des Sabbats. Die Herausbildung eines alle sechs Tage wiederkehrenden Ruhetages als Identifikationsmerkmal hat in Israel zu der Besonderheit der Zeiteinteilung der Woche im Rhythmus von sechs Tagen Arbeit und einem Ruhetag geführt. Zwei ursprünglich völlig verschiedene Institutionen sind dazu zusammengeflossen: Zum einen der Rhythmus von „Sechs plus Eins", der aus der Landbrache und ähnlichem schon in der Antike bekannt war, und zum anderen der Sabbat, der zuvor als Monatsfeiertag begegnete. Die Kombination beider hat schließlich zum Wochensabbat, d.h. zur Wiederkehr eines Sabbat nach sechs Tagen, geführt und damit indirekt zur Zeiteinteilung der Woche, die uns heute schon so selbstverständlich ist, als sei sie eine natürliche Ordnung. Genau darauf hat der biblische Erzähler ja auch abgezielt als er seiner Darstellung der Schöpfung das Sieben-Tage-Schema als Rhythmus von „Sechs plus Eins" zugrunde legte. Dennoch will für die biblische Darstellung beachtet sein, dass hier in der Schöpfungserzählung kein Gebot ergeht, das den Menschen verpflichten würde, diesen Sabbat als Ruhetag zu halten. Es wird lediglich festgehalten, dass Gott selbst bei der Gestaltung der Ordnung unserer Welt diesem Rhythmus der Zeit entspricht. Für Menschen ist dieser Rhythmus aber erst einmal unerkennbar, da er ja nicht unmittelbar an der Natur abzulesen ist.

Das Wunder des siebten Tages

Folgt man der biblischen Erzählung weiter, dann dauert es sehr lange bis das Volk Israel mit diesem Rhythmus der Zeit konfrontiert wird. Erst als Israel sich am Sinai als Volk Gottes konstituiert, nachdem Gott sich ihm offenbart hat, erhält es als eines der Zehn Gebote das *Sabbatgebot* (Ex 20,8-11). Doch wer die Geschichten dazwischen aufmerksam gelesen hat, bemerkt, dass Israel, als es von diesem Sabbatgebot erfährt, dieses nicht völlig unvorbereitet erhält.

Unmittelbar vor der Begegnung mit Gott am Sinai murrt das Volk und schreit zu Gott, weil es zu verhungern droht. Doch bevor der Hunger die Menschen zur totalen Aufruhr gegen Mose, der dieses Volk aus Ägypten herausgeführt hat, treibt, geschieht das Wunder. Brot fällt vom Himmel, etwas Essbares bedeckt den Boden wie Raureif (Ex 16). Aber das lebensrettende Wunder hat es in sich. Es handelt sich um leichtverderbliche Ware! Immer nur einen Tag hält es, dann muss am nächsten Morgen wieder neu gesammelt werden. Bei Gott, muss man oft von der Hand in den Mund leben, gegen alle Bedürfnisse nach Sicherheit.

Das Happy-End dieser biblischen Geschichte von Israels Auszug aus Ägypten scheint mit diesem Wunder perfekt zu sein. Doch halt! Das eigentliche Manna-Wunder kommt erst noch. Unerwartet und unerklärlich fällt alle sechs Tage einmal Brot mit doppelt so langem Haltbarkeitsdatum, damit am siebten Tag nicht gesammelt werden muss, und doch etwas zu Essen da ist. Für uns, die wir uns auf den Rhythmus der Woche mit aller Selbstverständlichkeit eingestellt haben, klingt das ganz lapidar und völlig normal, weil wir ja auch im Einschwingen auf diesen Rhythmus unsere Wochenendeinkäufe am Samstag erledigen. Für den aber, der die Geschichte der Bibel von Anfang an gelesen hat, tritt das Besondere dieser Stelle deutlich zutage. Zum Zeitpunkt dieses Manna-Wunders weiß das Volk Israel ja noch gar nichts von diesem siebten Tag, dem Sabbat, und dem Rhythmus der Woche. Ja, es erlebt erst durch dieses eigenartige Brot, dass der siebte Tag etwas Besonderes ist. So wird Israel durch ein Wunder vorbereitet auf das Geschenk der Zeit, den Sabbat.

Ein Licht geht auf

Dass der Sabbat an die Grundordnung aller Zeit von der Schöpfung her erinnert, zeigt sich im Judentum bis heute ganz deutlich, wenn die jüdische Frau zum Sabbatbeginn die Sabbatlichter anzündet, und zwar kurz vor Sonnenuntergang am Freitagabend. Entsprechend der biblischen Formel „Und es ward Abend und es ward Morgen …“ endet nämlich jeder Tag mit dem Sonnenuntergang und der darauf folgende nächste beginnt mit dem Abend. Auf diesem Hintergrund ist es unmittelbar einsichtig, dass die jüdische Zeitrechnung ihren Anfang bei der *Erschaffung der Welt* nimmt. Die Sabbatlichter erinnern jede Woche daran, dass Gott hinter unserem ganzen Leben steht, weil er der Ursprung der Zeit ist und gleichzeitig derjenige, der durch seine Offenbarung an Israel diese Zeit den Menschen in kleine überschaubare Stücke, die Woche, teilt. Die ganze Weltzeit von der Schöpfung her zu rechnen, bedeutet aus der Erinnerung an unseren Ursprung in Gott und der Erfahrung von Gottes Zuwendung zu leben.

Gottes Zuwendung ist im Glauben der Christen in einmaliger Form konkret geworden. Er selbst ist in Jesus Christus Mensch geworden! Der Welt geht ein neues Licht auf. Jesus, das Licht der Welt, lässt erkennen, dass Gott die Menschheit retten will, dass er den Menschen ganz menschlich zugeneigt ist. Nichts anderes als solches Geneigtsein meint das altertümlich und allzu fromm klingende Wort *Gnade.* Durch Jesus sollen alle Menschen und Völker Anteil bekommen an der Nähe zu Gott, die Israel als erwähltem Volk Gottes schon zuteil geworden ist. Der Segensspruch, den die jüdische Frau beim Anzünden der Sabbatlichter spricht „Gelobt seist Du, Ewiger, unser Gott, König der Welt, der uns mit Seinen Geboten geheiligt und uns befohlen hat, Sabbatlichter anzuzünden“ zeigt, dass diese Lichter Israels besondere Berufung hell erscheinen lassen; denn „mit Seinen Geboten geheiligt“ heißt es ja. Ebenso erinnern uns Christen die Weihnachtslichter an Jesus als das Licht der Welt, das Gottes Liebe zu allen Menschen beleuchtet.

Gott in unserer Zeit

Christen, die ihre Zeit von der Ankunft Christi in unsere Welt her rechnen, bekennen damit Jesus als Licht der Welt. So betrachtet ist das Weihnachtsfest ein neuer Anfang, nicht nur in Erinnerung an den Anfang der Schöpfung, sondern auch als Anfang im Rhythmus der Zeit. Es kommt nicht von ungefähr, dass die Christen den Zeitrhythmus der Woche übernommen haben, aber den Feiertag, den Sabbat, vom letzten auf den ersten Tag der Woche verlegten, so dass ihre Woche einen Rhythmus von „Eins plus Sechs“ erhielt. Geburt Christi, Weihnachten, als Zeitgeschenk, das uns erleben lässt, dass nicht nur alles einfach im Flusse ist, sondern die große Weltzeit ebenso wie die kleine Zeitspanne eines menschlichen Lebens, ihren Rhythmus hat. Auch das zweitausendsechste Jahr *nach Christi Geburt* erinnert daran, dass Gott, der unseren Kosmos mit der Zeit beginnen ließ (Gen 1,2), sich hinabließ und in diese Weltzeit hineinstellte. Wenn wir den ersten Tag jeder Woche als *Sabbat* heiligen und in Christi Geburt den Anfang einer neuen Zeit sehen, muss Weihnachten zur Zeitfuge werden oder zur „Insel in der Zeit“, wie ein Rabbiner den Sabbat genannt hat.

Auch wenn das neue Kirchenjahr schon begonnen hat und gerade weil unser weltliches Jahr erst einige Tage nach Weihnachten wechselt, können wir das Weihnachtsfest als Feier der Zeit erleben, die Gott uns gibt. Keine Zeit, um sie totzuschlagen oder mit immer neuen Aktivitäten zu verbrauchen, sondern Zeit, die uns bleibt, um uns die Zeit Gottes von der Schöpfung bis zur Vollendung zu verinnerlichen. Die Erinnerung der christlichen Zeitrechnung *nach Christi Geburt* lenkt unseren Blick zum Anfang, der Erschaffung der Welt, und damit zu unserem Ursprung. Und ist dieser Ursprung denn nicht auch Hinweis auf unser Ziel? Wie oft schreiben wir im Laufe eines Jahres Jahreszahlen – schon ohne den Zusatz *nach Christi Geburt* – ohne auch nur ein einziges Mal daran zu denken, dass jedes so formulierte Datum uns an Gottes Geschichte mit uns Menschen erinnern soll? Geburt Christi als Ausgangspunkt für Zeitrechnung lässt ja gerade nicht vergessen, dass es auch schon eine Zeit *vor Christi Geburt* gibt und nicht nur eine *nach Christi Geburt.*

Das Besondere wird vielleicht spürbar, wenn man die Differenz zwischen jüdischer und christlicher Zeitrechnung einmal so bewusst macht, dass man hervorhebt, dass der Jude Jesus von Nazaret im Jahre 3760 – jüdischer Zeitrechnung – geboren worden sei. Nicht alles beginnt neu, Zeit geht einfach weiter, aber Gottes Gnade, seine Zuneigung, wird für uns Menschen neu greifbar. Weihnachtliche Menschen sind Menschen, die immer wieder neu anfangen, weil sie wissen, dass da jemand ist, der mit und für sie schon einmal angefangen hat, bei der Schöpfung wie bei der Geburt Jesu.

Wenn Gott mit uns etwas *anfangen* kann, weil wir mit seiner Zeit nicht nur zu rechnen anfangen, dann kann wirklich *eine neue Zeit beginnen!*